MEX
IKO

INSIDER-TIPP
Deine
Abkürzung
ins Erleben!

Reisen mit MARCO POLO
Insider-Tipps

W0041735

MARCO POLO
TOP-HIGHLIGHTS

MUSEO NACIONAL DE ANTROPOLOGÍA ⭐1

Millionen von Hauptstadtbewohnern können nicht irren: eines der faszinierendsten Museen der Welt, voller Schätze der präkolumbischen Kulturen.

➤ S. 48, Zentrales Hochland

TEOTIHUACÁN ⭐2

Grandios und mystisch ist die alte Aztekenmetropole mit ihrer Pyramide der Sonne vor den Toren von Mexiko-Stadt.

➤ S. 52, Zentrales Hochland

SAN MIGUEL DE ALLENDE ⭐3

Künstler und Aussteiger prägen die Bilderbuchatmosphäre der Unesco-Welterbestadt.

➤ S. 64, Zentrales Hochland

GUANAJUATO ⭐4

Koloniale Pracht und mexikanische Lebenslust: Die alte Silberstadt hat es in sich!

📷 *Tipp: Die gelbe Kathedrale ist, schön rangezoomt, eine starke Kulisse für die vielen Passanten.*

➤ S. 66, Zentrales Hochland

FELSENSPRINGER IN ACAPULCO ⭐5

Wahnsinn: der Kopfsprung aus 42 m von der Klippe in die enge Bucht beim Quebradafelsen.

📷 *Tipp: Serienaufnahmen der Klippenspringer machen und mit Photoshop zusammenfügen.*

➤ S. 89, Die Westküste

RUINAS DE PALENQUE 🌟
Eine perfekte Hieroglyphenwand, ein königliches Grab und ein Traumblick über Palenque.
📷 *Tipp: Such dir eine Pyramide aus, die man noch besteigen darf. Von oben bekommst du die ganze Anlage aufs Bild.*

➤ S. 122, Der Süden

BARRANCA DEL COBRE 🌟
Ein gewaltiges System tiefer Canyons inmitten der Sierrra Madre Occidental – abseits aller Wege und nur per Zug erreichbar.
📷 *Tipp: Kauf der Tarahumara-händlerin eine Flechtarbeit ab und fotografier sie dann mit Blick auf die Schlucht.*

➤ S. 106, Der Norden

PARQUE MUSEO LA VENTA 🌟
Erzählt, wie alles begann: ein Park in Villahermosa mit 2000 Jahre alten Skulpturen und Denk-mälern, wundervoll arrangiert.

➤ S. 134, Golf von Mexiko

MUSEO DE LAS CULTURAS DE OAXACA 🌟
Ein Dominikanerkloster aus dem 16. Jh. beherbergt die welt-berühmten Grabbeigaben aus Monte Albán.

➤ S. 113, Der Süden

CHICHÉN ITZÁ 🌟
Spektakuläre Pyramiden und Tem-pel der Maya: eine gigantische Welterbestätte voller Rätsel! (Foto)
📷 *Tipp: Nimm eine der Treppen der Kukulcán-Pyramide aus nächster Nähe so auf, dass der Blick im blauen Himmel endet.*

➤ S. 143, Yucatán

INHALT

DER NORDEN
ZENTRALES HOCHLAND
GOLF VON MEXIKO
YUCATÁN
DIE WESTKÜSTE
DER SÜDEN

⊘ Besuch planen
€–€€€ Preiskategorien
(*) Kostenpflichtige Telefonnummer

🍴 Essen/Trinken
👜 Shoppen
🍸 Ausgehen
🌴 Top-Strände

(▥ A2) Herausnehmbare Faltkarte
(▥ a2) Zusatzkarte auf der Faltkarte
(▥ 0) Außerhalb des Faltkartenausschnitts

BESSER PLANEN MEHR ERLEBEN!

Digitale Extras
go.marcopolo.de/app/mex

DAS BESTE ZUERST

Mexikos Postkartenmotiv Nr. 1: El Castillo in Tulum

SCHÖN, AUCH WENN ES REGNET

AUF DEM MARKT

Eine Welt für sich: Der *Mercado Libertad* in Guadalajara, größter überdachter Markt des Landes, fasziniert mit Farben und Gerüchen an unzähligen Ständen. Überall wirst du nett begrüßt und nach dem Bummel locken frisch zubereitete mexikanische Leckereien.

➤ S. 73, Zentrales Hochland

BEI REGEN SCHLEMMEN

Im Restaurant *Lonchería Las Mañanitas* in Campeche fährt man die ganze Palette regionaler Spezialitäten auf. Nimm Platz unter den Arkaden, bestell dir einen *licuado* und genieß die lebhafte Stimmung um dich herum!

➤ S. 140, Yucatán

DER SCHATZ VON MONTE ALBÁN

Im *Museo de las Culturas de Oaxaca* bestaunst du die einzigartigen Jadefundstücke aus der Pyramidenanlage Monte Albán.

➤ S. 113, Der Süden

WOHLTUENDES MAYAWISSEN

Das *Maya-Spa* in Tulum verwöhnt dich mit modernen Treatments und jahrhundertealten Therapien. Da ist das Wetter schnell vergessen.

➤ S. 153, Yucatán

INS MUSEUM ABTAUCHEN

Das *Museo Nacional de Antropología* in Mexiko-Stadt ist ein Ort von Weltrang. In den zahlreichen Sälen, die Mexikos unterschiedlichen Kulturen gewidmet sind, kann man nicht nur einen, sondern gleich mehrere Regentage verbringen (Foto).

➤ S. 48, Zentrales Hochland

DIE KATHEDRALE DER METROPOLE

Die *Catedral Metropolitana* von Mexiko-Stadt begeistert von außen, doch ihr eigentlicher Schatz zeigt sich im Inneren: jahrhundertealte Kirchenkunst und eine andächtige Stille, die Eindruck hinterlässt.

➤ S. 46, Zentrales Hochland

BEST OF

LOW-BUDGET

FÜR DEN KLEINEN GELDBEUTEL

VIELSEITIGES KULTURZENTRUM
Das *Centro Cultural* von Tijuana sieht aus der Ferne aus wie ein großer Ballon. Im Inneren besuchst du einige Ausstellungen und Veranstaltungen gratis (Foto).
➤ S. 98, Der Norden

SEERÄUBERBASTION
Piraten und Freibeuter in Yucatán: Wo könnte eine Dokumentation zu diesem Thema passender untergebracht sein als in Campeches *Baluarte San Fransisco*? In dem beeindruckenden Festungsbau in der Stadtmauer lebt die wilde Zeit fort.
➤ S. 140, Yucatán

KUNSTHANDWERK IM KLOSTER
Das *Institito del Artesano Michoacán* im ehemaligen Franziskanerkloster von Morelia zeigt kostenlos eine vielfältige Auswahl von hochwertigem Kunsthandwerk.
➤ S. 61, Zentrales Hochland

MUSEUM IM HERRENHAUS
In einem schönen Stadtpalast die indianisch geprägte Kultur Michoacáns entdecken: Der Besuch der Ausstellungen des *Museo del Estado* in Morelia kostet nichts.
➤ S. 60, Zentrales Hochland

GESANG IM PARK
Leidenschaftliche Tänze, rhythmische Marimbamusik: Jeden Donnerstagabend erwartet dich bei der *Serenata Yucateca* im Parque Santa Lucía von Mérida ein kostenloses Musikerlebnis.
➤ S. 143, Yucatán

MURALES IM REGIERUNGSPALAST
Die Geschichte der Eroberung Mexikos in riesigen Wandgemälden von Diego Rivera: Die *murales* des Künstlers schmücken den Nationalpalast in der Hauptstadt. Zur Besichtigung brauchst du nur deinen Ausweis.
➤ S. 45, Zentrales Hochland

BEST OF
MIT KINDERN

SPANNENDES FÜR GROSS & KLEIN

AUF PONYS DURCH OAXACA

In der Nähe von Oaxaca liegt die Reitschule *Hípico La Golondrina,* die sich auf Kinder spezialisiert hat. Ob Dressur- und Springreiten oder Ausritte durch Flusstäler und Bergwälder mit Ponys oder kleineren Pferden: Du hast die Wahl.

➤ S. 114, Der Süden

ZUM FORSCHER WERDEN

Selbst das Fernglas in die Hand nehmen und mit dem Mikroskop experimentieren, Papierraketen herstellen oder gigantische Seifenblasen: Im *Papalote,* dem Kindermuseum von Mexiko-Stadt, verfliegt die Zeit viel zu schnell.

➤ S. 48, Zentrales Hochland

VOR DEN SEERÄUBERN ZITTERN

Einbeinige Freibeuter taumeln über die Wehrmauern, Kanonen werden abgeschossen, es riecht nach Pulver und die Spannung steigt: Bei der Show *Luz y Sonido* im alten Campeche erlebst du die dramatischste Epoche des Karibikhafens.

➤ S. 141, Yucatán

HOW TO TARZAN

Meterhohe Kandelaberkakteen prägen die Halbwüste der Baja California. Mit *Canopy Costa Azul* erleben Kids und Jugendliche beim Ziplining durch die Schlucht einen wilden Nationalpark mit Tempo und reichlich Thrill.

➤ S. 101, Der Norden

SCHNORCHELN UND PLANSCHEN IN DER KARIBIK

Zwischen Tukanen und Papageien, Krokodilen und Schildkröten kannst du mit deinem Nachwuchs in den privaten Freizeitparks *Xcaret* und *Xel-Há* nahe Playa del Carmen an der Riviera Maya nach Herzenslust das Meer genießen.

➤ S. 152, Yucatán

TAG DER TOTEN

Am *Día de los Muertos* bietet sich auf Mexikos Friedhöfen ein bizarres Schauspiel. *Tacos* und Coca-Cola, Blumen und kleine Geschenke werden neben den Grabsteinen für die Toten ausgebreitet, deren Geister sich an den Gaben erfreuen sollen. Besonders eindrucksvoll erlebst du das Spektakel in Mixquic bei Mexiko-Stadt.
➤ S. 23, Mexiko verstehen

MUMIEN HINTER GLAS

Gruseln inklusive: Im *Museo de las Momias* in Guanajuato sind über 100 mumifizierte Tote ausgestellt. Einige sehen aus, als ob sie tanzen wollten, andere wirken düster-gespenstisch.
➤ S. 68, Zentrales Hochland

PARTY AUF DEM KANAL

Auf den Wasserwegen der schwimmenden Gärten von *Xochimilco* südlich von Mexiko-Stadt schippern bunte, mit Blumen geschmückte Kähne umher. Hier lässt man sich spazieren fahren. Den „Service" – Verpflegung, Getränke und *Mariachi*-Musik – liefern weitere Boote.
➤ S. 52, Zentrales Hochland

DIE *MEZCAL*-HOCHBURG

Oaxaca und *mezcal* gehören zusammen: In der herrlichen Kolonialstadt wird das aus Agaven destillierte, hochprozentige Getränk in Lokalen wie dem *Mezcalogia* getrunken: sogenannte *mezcaleriás,* Bars und Kneipen, die mal alt und traditionsreich, mal jung und schick daherkommen. *Salud!*
➤ S. 115, Der Süden

WALLFAHRTSKIRCHE

Die *Basílica de Guadalupe* in Mexiko-Stadt ist das ganze Jahr über Ziel gläubiger Katholiken. Täglich siehst du hier Hunderte Besucher zum Bildnis der Schutzheiligen Mexikos oder zur Kapelle auf dem Hügel pilgern (Foto).
➤ S. 47, Zentrales Hochland

SO TICKT
MEXIKO

Nix mit Discofox: Gefeiert wird in Oaxaca mit traditionellen Tanzeinlagen

ENTDECKE MEXIKO

Palacio de Bellas Artes in der Hauptstadt: Jugendstil und *murales* aller großen Künstler

Regenwälder, in denen Pyramiden aufragen, schneebedeckte Vulkane und die Fluten der Karibik, Unesco-Welterbestätten im Dutzend, dazu mitreißende Musik und feuriger Tequila. Wale, die sich vor der Pazifikküste tummeln, und Korallenriffe mit gewaltigen Tropenfischen. Mexiko: nur ein einziges Land und doch ein Universum für sich!

BADEPARADIES MEXIKO

Neben faszinierenden, weltberühmten Strandorten wie Acapulco und Cancún gibt es noch unzählige kleine und verschwiegene Badebuchten – die Möglichkeiten sind atemberaubend. Immerhin hat Mexiko an Karibik und Pazifik mehr als 9000 km Küstenlinie. Während die pazifische Westküste in erster Linie für einen reinen Badeurlaub geeignet ist, kannst du auf der Yucatán-Halbinsel im Süden

Ab 1000 v. Chr.
Die Olmeken errichten am Golf von Mexiko erste Pyramiden

250–900 n. Chr.
Klassische Epoche der Mayakultur im Süden Mexikos

1519
Hernán Cortés landet an der Ostküste bei Veracruz; als er 1521 Tenochtitlán erobert, sterben 100 000 Azteken

1521–1545
Eroberung und Missionierung; Errichtung spanischer Städte

Bis 1810
Von einst ca. 20 Mio. Indios überleben nur etwa 3 Mio.

1810
Der Priester Miguel Hidalgo ruft zur Befreiung des Landes

klassische Mayakultur und karibisches Strandleben ideal miteinander verbinden.

ABSEITS DER TOURIPFADE

Noch weitgehend unentdeckt ist die 1300 km lange Halbinsel Baja California, eine Verlängerung Kaliforniens, die im äußersten Norden vom mexikanischen Festland abzweigt und in den Pazifik hineinragt. Glasklares Wasser, versteckte Sandbuchten und raue Felsklippen – die Landschaft ist von grandioser Erhabenheit. Außerhalb der Hotels tun sich wüstenartige Landstriche auf. In den zerklüfteten Schluchten der Sierras und auf den unbefestigten Schotterstraßen im Landesinneren fühlt man sich jenseits aller Zivilisation.

AUF DEN SPUREN VON INDIANA JONES

Pyramiden und Tempel überragen eine Lichtung im dichten Regenwald von Chiapas, die Atmosphäre ist von magischer Schönheit und das 21. Jh. scheint Lichtjahre entfernt. Die Vorfahren der heutigen Maya huldigten einer unsichtbaren Welt, die dennoch präsent war. Ihre Priester machten sie mittels Riten und Opfergaben zur zweiten Wirklichkeit. Unglaublich: Etwa 25 000 archäologische Stätten, die 1000 bis 2000 Jahre alt sind, wurden in Mexiko entdeckt. Nur 200 davon sind dem Dschungel entrissen, restauriert und zugänglich. Im yucatekischen Cobá spazierst du auf freigelegten Urwaldstraßen zu einer um Seen gruppierten Zeremonialstätte der Maya. In Tulum hast du von den auf einer Klippe gelegenen Tempeln einen grandiosen Blick aufs Karibische Meer. Hoch über den Wolken liegt Monte Albán; um einen Platz für die Götter zu schaffen, trugen

auf; zehnjähriger Bürgerkrieg

1821 Mexiko wird unabhängig und 1823 Republik

1910 Francisco Madero ruft zur Revolution auf; Bürgerkrieg

1976 Erdölfunde im Golf von Mexiko

2017 Mehrere Erdbeben erschüttern Zentralmexiko

2019 US-Präsident Trump will eine Grenzmauer zu Mexiko bauen

2021 Mexiko feiert 200 Jahre Unabhängigkeit

die Erbauer mühevoll die Kuppe eines Bergs ab. In Chichén Itzá offenbart sich zur Tagundnachtgleiche ein ungewöhnliches Schauspiel: Durch den Schattenwurf der Sonne entsteht der Eindruck einer sich langsam die Pyramide herabwindenden Schlange.

NICHT ZU UNTERSCHÄTZEN

Wer zum ersten Mal nach Mexiko reist, sollte seinen Aufenthalt gut planen. Es ist nicht ratsam, während weniger Wochen das ganze Land zu bereisen, weil man möglichst viel kennenlernen möchte. Mexiko ist eben ein Land von ungeheurer Vielfalt und Ausdehnung – mit einer Fläche von beinahe 2 Mio. km^2 ist es knapp sechsmal so groß wie Deutschland und misst in der Nord-Süd-Ausdehnung mehr als 3000 km: So ergibt sich für jeden die Gelegenheit, auf einer Reise sein eigenes Mexiko zu entdecken.

PULSIERENDE MEGACITY: EINE STADT, VIELE GESICHTER

Etwa Mexiko-Stadt, die chaotische, erdbebengefährdete und übervölkerte 22-Mio.-Metropole voller Smog und hupender Autos: Manche entdecken eine kosmopolitisch-kulturelle Großstadt der Paläste, Museen und Theater, andere lieben vor allem die großartigen Restaurants und die ausgefallenen, zu Hotels umgewandelten Haciendas, auf denen man sich in vergangene Epochen zurückversetzt fühlt. Eine Welt für sich wiederum ist das bunte, das folkloristische Mexiko der Straßenhändler, Garküchenbetreiber, der Gaukler im Alamedapark, der *Mariachi*-Kapellen auf der Plaza Garibaldi.

Mexikos Hauptstadt bietet einen Querschnitt durch nahezu alle Bevölkerungsgruppen. Kleine Jungen springen auf die verkehrsüberlasteten Avenidas, um an den Ampeln Zauberkunststücke vorzuführen, Fenster zu putzen oder Lose zu verkaufen. Die Pesos, die sie von den Autofahrern erhalten, sind ein wichtiger Beitrag zur Unterstützung ihrer Familie. Vor der Kathedrale am Zócalo stellen sich jeden Morgen arbeitslose Handwerker auf und hoffen auf einen Job – für einen Tag oder nur ein paar Stunden. Auf Knien rutschen gläubige Katholiken sonntags zur Basilika der Jungfrau von Guadalupe, der meistverehrten Heiligen des Landes. Attraktive Mexikanerinnen der Oberschicht stöckeln auf Stilettos durchs Einkaufsviertel Zona Rosa und shoppen in den exklusiven Boutiquen Designermode. Schuhputzer bieten ihre Dienstleistung Einheimischen und Touristen an und unterhalten mit dem verdienten Geld ihre Familien.

ON THE ROAD

Wer die Metropole verlässt, nutzt am besten das gut funktionierende öffentliche Verkehrssystem. Überlandbusse verbinden weit voneinander entfernt liegende Städte im Direktverkehr. Für die Verpflegung unterwegs ist bestens gesorgt: Händler verkaufen an den Bushaltestellen mit Hühnerfleisch gefüllte Tacos,

Ein Agavenfeld bei Tequila: Hier „wächst" das berühmte mexikanische Feuerwasser

„muy picante, señor!", *tamales,* selbst gebackene Kokosnusskuchen und mit Chilipulver und Limette servierte Obstschnitzchen. Nirgendwo erhältst du einen besseren Einblick in die mexikanische Gesellschaft als auf diesen Reisen quer durch das Land.

DSCHUNGEL, CAÑONS UND VULKANE
Im Norden beherrschen Kaktussteppen und Dornbuschsträucher die Landschaft, den Süden prägen tropische Regenwälder und undurchdringlicher Dschungel. Die Sierra Madre Occidental und Sierra Madre Oriental durchlaufen das Land in Nord-Süd-Richtung. Hier finden sich herrliche Eichen- und Kiefernwälder zwischen wild zerklüfteten Cañons. Die Barranca del Cobre, die legendäre Kupferschlucht, ist noch immer die Heimat von Pumas, Bären und Wölfen. Mit Ausnahme der Tarahumara-Indianer leben nur wenige Menschen in dieser rauen Gegend. Schneebedeckte Vulkane wiederum liegen im zentralen Hochland. Ausgerechnet im Bereich der Sierra Volcánica Transversal, des vulkanischen Gebirges, befindet sich das Hauptsiedlungsgebiet der Mexikaner. Dass die Erde jederzeit beben kann, nimmt man hier mit Gelassenheit.

EIN HAUCH ALT-SPANIEN
Nirgends im ganzen Land findet man eine solche Anhäufung von kolonialen Städten wie im zentralen Hochland. In einem Radius von nur wenigen Hundert

Kilometern um Mexiko-Stadt entfaltete sich die koloniale Städtearchitektur in ihrer größten Pracht. Rund um eine zentrale *plaza* gruppieren sich die Kirche und die wichtigsten öffentlichen Gebäude. Kopfsteinpflasterstraßen verlaufen im Schachbrettmuster, gesäumt von niedrigen, prächtigen Häusern mit wuchtiger Holztür und schmiedeeisernen Gittern vor den Fenstern. Erst im Inneren der eher unscheinbar aussehenden Gebäude zeigt sich der ganze Reichtum ihrer Besitzer. Eine Oase der Ruhe eröffnet sich im Patio: Im Zentrum dieses arkadengeschmückten Innenhofs plätschert ein kunstvoll verzierter Springbrunnen. Blumen verströmen ihren Duft, Bäume spenden Schatten. Da die Mexikaner einige der schönsten dieser kolonialen Häuser in Hotels umgewandelt haben, bietet sich dir die Chance, diese einzigartige Atmosphäre zu genießen.

DAS BESTE AUS ALLEN WELTEN

Prunkvoll statteten die kolonialen Eroberer auch die Kirchen aus. Bei einer in Mexiko sehr verbreiteten Spielart des Barocks, dem Churriguerastil, verwendeten die Künstler eine überreiche Ornamentik und verzierten Engel, Heiligenfiguren, Blätter und Blüten, ja sogar Figuren aus der indianischen Mythologie über und über mit Blattgold. Die Kehrseite der Kolonialismusmedaille demonstrieren die in ehemaligen Kolonialpalästen untergebrachten Museen, die den langen und blutigen Weg zur Freiheit im Kampf gegen die Eroberer dokumentieren. Das heutige Mexiko ist eine aufregende Mischung verschiedener Kulturen: der präkolumbischen, der indianischen, der spanischen und der der modernen Mestizengesellschaft. Die Mestizen, Nachfahren der weißen Eroberer und der indianischen Ureinwohner, bilden heute die größte Bevölkerungsgruppe.

SCHWIERIGE GEGENWART

Dass Mexiko in ausländischen Medien fast ausschließlich negative Beachtung findet, liegt vor allem an der ausgeuferten Präsenz von Drogenkartellen und deren Allianz mit korrupten Politikern und bestechlichen Polizisten. Im Zuge des seit 2006 andauernden Drogenkriegs wurden bislang etwa 300 000 Mexikaner getötet. Touristen bekommen in der Regel von Gewalt und Erpressung nichts mit. Dennoch ist bei Reisen auf eigene Faust erhöhte Vorsicht geboten: nach Einbruch der Dunkelheit allein und an unbekannten Orten nicht unterwegs sein. Auch Überlandfahrten per Bus und mit PKW solltest du in einigen Bundesstaaten besser vermeiden. Hochburgen der Auseinandersetzungen sind die Grenzorte zu den USA und die Provinzen Guerrero, Jalisco, Michoacán, Veracruz und Zacatecas.

Auf eine Reise nach Mexiko verzichten? Nein, das ist nicht nötig. Den Touristenzentren merkt man – mit Ausnahme eines erhöhen Polizeiaufkommens hier und dort – in der Regel nichts an und die Mexikaner schätzen es doppelt, wenn die Ausländer keinen Bogen um ihr Land machen, sondern entdecken wollen, wie viel Schönes Mexiko trotz allem zu bieten hat.

AUF EINEN BLICK

132 Mio.
Einwohner

Deutschland: 84 Mio.

68 indigene Sprachen

darunter Nahuatl und Mayathan,
die von mehr als 2 Mio. Menschen
gesprochen werden

11 122 km
Küstenlänge

Deutschland: 2389 km

NACHBARN

3152 km

misst die Grenze
zwischen Mexiko
und den USA

**HÖCHSTER BERG:
PICO DE ORIZABA**

5636 m

Der Vulkan wird auch
Citlaltépetl genannt

**AVOCADOERNTE
PRO JAHR**

2,3 Mio. t

Deutsche
Apfelernte:
ca. 1 Mio. t

CHIHUAHUA

kleinste Hunderasse der Welt, stammt aus Mexikos
größtem Bundesstaat mit gleichem Namen

35 UNESCO-WELTERBESTÄTTEN

darunter die Mayapyramiden
von Chichén Itzá und Uxmal

BEKANNTESTE PARTYMEILE

Quinta Avenida (5th Avenue)
in Playa del Carmen

MEXIKO-STADT
Kapitale und größte Stadt
des Landes (21,8 Mio. Ew.)

MEXIKO VERSTEHEN

GEBURT EINER NATION

Die Eroberung Mexikos 1521 durch Hernán Cortés war die Geburtsstunde des mexikanischen Volks: Es begann die Vermischung von Indianern und Spaniern. Heute bezeichnet man etwa 85 Prozent als Mestizen. Rund zwölf Prozent sind *indígenas* – die einstigen Herrscher des Landes bilden heute die ärmste Bevölkerungsgruppe und fühlen sich von den Mestizen unterdrückt. Diese wiederum sehen teilweise auf die *indígenas* herab, halten sie für faul und primitiv.

Rund 129 Mio. Ew. zählt Mexiko, ungefähr ein Sechstel davon lebt in der Hauptstadt. Die mexikanische Bevölkerung ist jung, die Hälfte der Menschen ist unter 30 Jahre alt. Eine kleine Mittel- und Oberschicht steht der Masse der armen Stadtbevölkerung gegenüber. Aufgrund der hohen Inflation und der sinkenden Agrarpreise nimmt die Verarmung der *campesinos,* der Bauern und Landarbeiter, weiter zu. Da der Ertrag ihres Bodens oft nicht mal zur Selbstversorgung ausreicht, wandern viele der Jüngeren in die Stadt ab.

KULTURGUT BUNGEE

Sie nennen sich *voladores,* Vogelmenschen, stürzen sich zu Ehren ihrer Götter in die Tiefe, vollführen einen skurrilen Tanz, der schon beim Zusehen schwindlig macht: alles nur ein Touristenspektakel? Nein, ein Ritual, das seit über einem Jahrtausend bekannt ist und von der Unesco zum Kulturgut der Menschheit gezählt wird. Wo du die Artisten bewundern kannst? In Mexiko-Stadt gegenüber dem Anthropologischen Museum und vor Pyramidenanlagen befinden sich rund 30 m hohe Baumstämme. Wenn genügend Zuschauer versammelt sind, klettern fünf in Trachten gekleidete Männer hinauf und nehmen auf dem oben angebrachten Holzrahmen Platz. Zunächst tanzt der auf einer schmalen Plattform stehende Anführer und spielt Flöte. Auf ein Zeichen von ihm werfen sich seine vier Kameraden, an Seilen befestigt, kopfüber in die Tiefe. Bevor sich die Seile langsam rotierend abgewickelt und sie die Erde erreicht haben, vollführt jeder der *voladores* 13 Umdrehungen.

HACIENDA-TRÄUME

Nach der Eroberung Mexikos gründeten die Spanier große landwirtschaftliche Güter, sogenannte Haciendas, wo sie in prächtigen Herrenhäusern residierten. Da diese Landgüter oft isoliert lagen und daher autark sein mussten, entwickelten sie sich zu kleinen Dörfern mit Kirche, Laden und Häusern für die *peones,* die Arbeiter. Der Glanz der riesigen Güter ist inzwischen verblasst, doch einige der schönsten wurden restauriert und als Hotels wiedereröffnet.

WER HAT DIE MACHT?

Seit Jahren gefährden bewaffnete Auseinandersetzungen zwischen Polizei, Militär und Drogenkartellen sowie

Gewalt zwischen einzelnen Drogenbanden die Sicherheit Mexikos. Der sogenannte Drogenkrieg hat bislang etwa 300 000 Tote gefordert, etwa 100 000 Menschen gelten als vermisst. Seit viele der ehemals großen Kartelle nach Festnahme ihrer Anführer nur noch Schatten ihrer selbst sind, kämpfen nunmehr unzählige Splittergruppen untereinander und gegen die beiden verbleibenden großen Drogenkartelle Sinaloa und Jalisco Nueva Generación um Einflussgebiete und Schmuggelrouten in die USA. Die Drogenbosse und deren Männer sind skrupellos, wer sich ihnen in den Weg stellt, zu Aktionen gegen sie aufruft, wird brutal ermordet und die Fotos als Abschreckung veröffentlicht. In einigen Bundesstaaten (Guerrero, Zacatecas, Michoacán) haben die Banden die staatliche Macht abgelöst. Ausländische Touristen sind von den Auseinandersetzungen kaum betroffen. Ein „landesspezifischer Sicherheitshinweis" des Auswärtigen Amts macht indes auf erhöhte Kriminalität in Mexiko aufmerksam.

Waghalsig stürzen sich die *voladores* zu Flötenklängen in die Tiefe

MADONNA MIT AUGENBRAUEN

Pablo Picasso war von ihren Bildern begeistert. In Amerika feierte sie mit nur 31 Jahren triumphale Erfolge und auch Europa hat sie entdeckt. Dabei blieb Frida Kahlo doch stets im Schatten des Malers Diego Rivera, mit dem sie zweimal verheiratet war. Während Riveras monumentale Wandbilder die öffentlichen Gebäude und Paläste Mexikos zieren, malte sie, zurückgezogen in einem Zimmer ihres Hauses, kleinformatige Bilder, zumeist sich selbst.

Bilder einer Verletzten: Mit 18 Jahren erleidet Frida Kahlo einen Verkehrsunfall, wird operiert, bekommt ein Bein amputiert. Die Selbstbildnisse mit den zusammengewachsenen Augenbrauen werden später für Millionen von Euro versteigert, prangen heute auf Ansichtskarten, T-Shirts und Einkaufstaschen. Ihr ganzes Leben bleibt sie ihren beiden Leidenschaften treu: Diego Rivera und der Kunst. Die Casa Azul in Mexiko-Stadt, das Haus, in dem das Paar stritt und glücklich war, ist heute ein Museum.

REPTILIENWELTMEISTER

Schon mal was von Biodiversität gehört? Gemeint ist eine große Artenvielfalt von Tieren und Pflanzen in einem bestimmten Gebiet. Mexiko ist hier Spitzenreiter, sozusagen ein Hot-

Bunt im doppelten Sinn des Worts ist die Vogelwelt Mexikos

spot. Das reicht von Dutzenden von Affenarten über Wölfe und Wildkatzen zu mehr als 500 weiteren Säugetierarten sowie bunt schillernden Vögeln – zu den schönsten zählen Papageien und Kolibris. Und dann erst die Reptilien! Deren Vielfalt ist mit über 800 Arten nirgendwo auf der Welt größer. Bereits in der Touristenhochburg Cancún machst du Bekanntschaft mit träge in der Sonne liegenden *iguanas,* meterlangen Leguanen. Die landschaftliche Vielfalt Mexikos hat daneben aber auch bei den Pflanzen einen ungeheuren Artenreichtum zur Folge. Während Westmexiko hauptsächlich von Tannen- und Kiefernwäldern geprägt ist, wachsen im tropischen Regenwald des Südens viele Edelhölzer sowie zahlreiche Orchideenarten. Bougainvilleen, Hibiskus, Oleander und Magnolienbäume sorgen für bunte Tupfer und nahezu allerorts gedeihen Kakteen.

WANDGALERIE

Man sieht sie überall im Land, oft in öffentlichen Gebäuden: *murales,* großflächige Wandmalereien als Kunstform in Freskotechnik. Sie zeigen und verfremden Ereignisse aus Mexikos Geschichte, geben soziale Probleme teils in ironischer und sarkastischer Weise wieder. Die ersten Wandmalereien tauchten Anfang des 20. Jhs. auf: politisch links orientierte Darstellungen aus der Geschichte der Eroberung sowie sozialkritische Betrachtungen des Großeigentums.

Bald erhielten die *muralistas* öffentliche Aufträge: Diego Rivera (1886–1957), der Ehemann von Frida Kahlo, gestaltete den Treppenaufgang und die Wand der ersten Etage des Nationalpalasts von Mexiko-Stadt. Der ebenfalls politisch engagierte Künstler José Clemente Orozco (1883–1949) verewigte sich mit seinem Meisterwerk „Mensch in Flammen" in einer Kuppel des Hospicio Cabañas in Guadalajara. Und José David Alfaro Siqueiros (1896–1974), einer der bedeutendsten Künstler des Landes und überzeugter Kommunist, gestaltete große Teile des Palacio de las Bellas Artes sowie die Außenwand der Universitätsbibliothek in Mexiko-Stadt.

Die Muralisten waren engagiert in ihrem Wunsch, auch den Armen und Unterdrückten, denen, die nicht lesen und schreiben können, die Geschichte ihres Landes näherzubringen. Der *muralismo* eroberte die Welt, gelangte auch nach Europa, selbst auf Sardinien schmücken in mehreren Bauerndörfern riesige sozialkritische *murales* die Hauswände.

HALLOWEEN A LA MEXICANA

Wer das Glück hat, am 2. November, dem Allerseelentag, in Mexiko zu sein, der kann ein bizarres Schauspiel beobachten. Am ▶ *Día de los Muertos,* dem Tag der Toten, davon sind die Mexikaner überzeugt, macht die Seele der Verstorbenen zu Hause einen Besuch. Für viele ist das der wichtigste Tag des Jahres, die Vorbereitungen beginnen schon Wochen vorher. Händler präsentieren die unentbehrlichen Requisiten: Totenköpfe aus Keramik und Pappmaché, Gruppen musizierender Skelette, aufklappbare Särge, mannshohe Gerippe, die vor den Eingangstüren postiert werden. Die Bäckereien verkaufen in grellen Zuckerguss getauchte oder mit Liebesperlen beklebte Totenschädel, Schokoladenskelette und Marzipansärge.

Ist die bedeutsame Nacht endlich gekommen, werden in allen Häusern

KLISCHEE KISTE

MORGEN STIRBT NIE

Mañana heißt nicht unbedingt morgen und *un momentito* ist nicht notwendigerweise nur ein „Momentchen". Genauso wenig bedeutet *ahorita,* dass etwas wirklich gleich passiert. Vielleicht sind's zehn Minuten, vielleicht aber auch ein paar Stunden. Mangel an Respekt, Unfähigkeit zu planen? Nein, eher ein anderes Zeitkonzept: Man ist ein Spielball der Zeit, jeder Tag kann so viel Unvorhergesehenes mit sich bringen, da muss man sich eben anpassen. Deshalb anzunehmen, Mexikaner seien unzuverlässig, ist weit gefehlt. Der Handwerker erscheint immer, eine Sache wird immer erledigt – nur wann, kommt eben immer ganz darauf an.

BLONDE CHEFS

Ausländer, egal welcher Haut- und Haarfarbe, aber auch Mexikaner der Mittel- und Oberschicht werden auf den Märkten des Landes plötzlich zu *güeritas* und *güeros,* zu *jefas* und *jefes* – zu blonden, hellhäutigen Chefinnen und Chefs, denen die Waren angepriesen werden: So wird unnachahmlich mexikanisch ironischhumorvoll mit Klassen- und Diskriminierungsstrukturen gespielt, aber auch der Dienstleistungsanspruch der Händler betont. Der Humor soll das Eis brechen und eine entspannte Kaufatmosphäre schaffen. Lachen ist also erlaubt und gewünscht.

Die *Mariachi*-Musiker mit ihren Sombreros sind ein Inbegriff mexikanischer Folklore

und auf dem Weg zum Friedhof Kerzen entzündet, die den Toten als Wegweiser dienen sollen. Im Totenzimmer ist ein Altar aufgebaut, der mit Blumen geschmückt und mit den Lieblingsspeisen des Verstorbenen beladen ist. Oder man pilgert mit den Gaben zu den Friedhöfen. Die Totenfeiern enden in einem fröhlichen Familienfest, bei dem die vorbereiteten Leckereien gegessen werden.

WIE GESCHMIERT
Eigentlich hat es alles, was es braucht: Erdöl, Erdgas, fruchtbare Böden, Fabriken, dazu Touristenstrände an gleich zwei Meeren, am Pazifik und in der Karibik. Dass Mexiko dennoch weit hinter den wirtschaftlichen Erwartungen zurückbleibt, liegt vor allem an Korruption und Steuerhinterziehung im großen Stil. In Europa wäre es ein gewaltiger Skandal, in Mexiko nimmt man es schulterzuckend hin: Allein zwischen 2012 und 2022 wurden mehr als 50 Gouverneure beschuldigt, Geld veruntreut zu haben. *La Mordida* – Schmiergeld, Bestechung – gehört zum täglichen Leben. Korruption? Für die Mexikaner eher die Gewohnheit, mit ein paar Scheinchen ein Problem zu lösen.

ETIKETTENSCHWINDEL?
Großer Beliebtheit erfreuen sich seit einigen Jahren die sogenannten ökologischen Parks, die in landschaftlich herausragenden Gebieten eingerichtet wurden. Sie ermöglichen den Besuchern auf umweltverträgliche Weise einzigartige Naturerlebnisse. Auf *ecoturismo* spezialisierte Reisebüros bieten geführte Bergtouren, Wildwasserfahrten u. a. an. Auf der Halbinsel Yucatán sind an der Riviera Maya zahlreiche dieser Ökoparks entstanden. Da die kommerziellen Anlagen Xcaret, Xel-Há und Tres Ríos überaus erfolgreich waren und hohe Einnahmen er-

zielten, wurden weitere Parks entwickelt. Bei diesen kommerziellen *parques ecológicos* ist die Bezeichnung *eco* bzw. „öko" in der Regel nur Lippenbekenntnis. Die zuvor wenig berührte Natur wurde für Besucher erschlossen und hergerichtet – mit betonierten Parkplätzen und den angesagten Ziplines, Stahlseilen, an denen man über eine Schlucht, einen Fluss oder einfach durch die Landschaft gleitet.

RAUSGEPUTZT

Sie tragen coole Uniformen mit schwarzen Anzügen, Goldknöpfen und -tressen, dazu gewaltige Hüte, spielen Geige, Trompete und Gitarre: Mexikokenner wissen nicht nur, wo im Land man garantiert auf *Mariachi*-Kapellen trifft – z. B. auf der Plaza Garibaldi in der Hauptstadt, im El Parián de Tlaquepaque in Guadalajara oder auf der Quinta Avenida von Playa del Carmen –, sondern hantieren auch gekonnt mit dem musikalischen Repertoire.

INSIDER-TIPP
Heiratsantrag mit Kapelle?

Verliebt, aber ziemlich pleite? Dann wäre „No Tengo Dinero", wo es heißt: „Alles, was ich habe, ist Liebe", keine schlechte Wahl. Der Ex-Lover ist noch lange nicht vergessen? Bei „Volver, Volver" schmettern die Herren inbrünstig vom „Zurückkehren in seine Arme". Und immer richtig liegst du mit „El Rey", der mexikanischen Variante von „I did it my way".

ZAUBERSPRÜCHE STATT PILLEN

Es kann ausreichen, die Äste des heiligen Kapokbaums abzubrechen, Wind, Feuer und andere Elemente zu missachten oder Känänk'ax, den Hüter des Dschungels, zu verärgern: Sehstörungen und übelste Kopfschmerzen! Die Maya, die in kleinen Dörfern nahe den Pyramiden- und Tempelanlagen in Yucatán leben, gehen in solchen Fällen zum Schamanen. Der heißt *h'men* (Macher), weil er hellsehen und heilen kann. Ein guter Mayaschamane kennt jedes Kraut, das im Dschungel wächst, und ist Meister in Ritualen, die gesund machen. Oft hilft es bereits, wenn der *h'men* mit gesegneten Blättern über Kopf und Schulter des Patienten bürstet und Mantras spricht: Dann wird blitzschnell die von Geistern verursachte Krankheit aus dem Körper gesogen. Alles nur Placebo? Wer weiß das schon. Super ist auch der abschließende Schamanenrat an den Patienten: „Hüte dich davor, heilige Bäume zu verletzen!"

TREFFPUNKT SOCKEL

Der riesige Platz zwischen Kathedrale und Nationalpalast in Mexiko-Stadt, von Hernán Cortés selbst angelegt, blieb lange leer. Schließlich entschloss man sich dann zur Errichtung eines Standbilds und baute dafür zunächst den Sockel – spanisch *zócalo*. Aus dem Standbild wurde jedoch nichts: Der Platz ist nach wie vor leer. Aber die Leute trafen sich seit jeher auf dem zentralen Platz ihrer Stadt, und um sich schneller zu finden, verabredete man als Treffpunkt den Sockel. Bald hieß der ganze Platz so und es dauerte nicht lange, dann nannte man in fast jeder mexikanischen Stadt den zentralen Platz einfach Zócalo.

ESSEN
SHOPPEN
SPORT

In eine andere Welt eintauchen? Das geht in den *cenotes* der Riviera Maya

ESSEN & TRINKEN

Mais war schon vor Jahrhunderten für Maya und Azteken Lebensmittel und Religion zugleich. Er ist auch heute noch Grundbestandteil der mexikanischen Küche und Kultur. Die Pflanze hat die Mexikaner zu unzähligen Gerichten und Getränken inspiriert und darf bei keiner mexikanischen Mahlzeit fehlen.

SUPER (FAST) FOOD

Tortillas sind dünne Teigfladen und werden meistens aus Maismehl hergestellt, seltener auch aus Weizenmehl. Sie sind die Tausendsassas der mexikanischen Küche, mit denen Hunderte von Gerichten zubereitet werden. Eine *quesadilla* ist eine mit Käse belegte Tortilla, die in der Mitte gefaltet und gebraten wird. Mit anderen Zutaten belegt und zubereitet, wird die Tortilla zum *taco*. Wird die Tortilla frittiert, nennt man sie *tostada*. Nimmt man einen *taco* und frittiert

diesen, heißt das Resultat *taco dorado*. Einen guten Überblick über die Welt der *tacos* geben die „Taco Chronicles" auf Netflix.

INSIDER-TIPP
Einblick in die Seele Mexikos

MEHR ALS TORTILLAS & CO.

Mexikos Küche, die sogar zum Welterbe der Unesco zählt, hat unendlich mehr zu bieten als die außerhalb des Landes bekannten Texmex-Gerichte, von denen viele in Mexiko selbst gar nicht anzutreffen sind. Da sind z. B. die leckeren Eintöpfe, *pozoles* genannt. Aus Yucatán stammt die exotisch duftende Limettensuppe, die mit Hühnerfleisch gekocht wird. Guacamole und *salsas* aus Tomaten und Chilis bereichern die Gerichte. Mit grob gehackten Zutaten stehen sie auf den Theken der *taquerías,* damit du dich bedienst. Als Nationalgericht gilt *mole poblano,* eine Sauce mit verschiedenen Chilisorten, vielen Gewürzen und

Mexiko auf der Zunge: undenkbar ohne Guacamole (li.) und eine Tequilaprobe (re.)

– unverzichtbar! – einem Hauch Schokolade, die am liebsten zu Truthahn gereicht wird. Zu zahlreichen Gerichten werden Bohnen *(frijoles)* serviert, oft gebraten als Bohnenbrei *(frijoles refritos)*. Zutaten wie frischer Agavensaft und Hibiskusblüten setzen exotische Akzente.

HOCHLANDCHILIS UND KÜSTENFISCH

Besonders traditionsreich ist die Küche des Hochlands. In den Klosterküchen der Kolonialstadt Puebla wurden die ersten *chiles poblanos* – mit Hackfleisch, Früchten und Nüssen gefüllte, große und eher milde Chilischoten – kreiert, die zu den beliebtesten Gerichten der Mexikaner zählen. Entlang der Küsten gehören Fisch und Meeresfrüchte auf den Teller, etwa über Holzkohle geräucherter *robalo* (Wolfsbarsch) und *camarones* (Garnelen) in würziger Zubereitung. Berühmt ist der

pescado a la veracruzana: Fischfilet mit einer Sauce aus Tomaten, Kapern, Chili und grünen Oliven. Auch wenn die Fischgerichte in den kleinen Strandküchen noch so verlockend aussehen: Wenn keine Speisekarte vorhanden ist, solltest du nach dem Preis fragen und sicherstellen, dass beide Parteien ihn verstanden haben und sich einig sind.

NEUE TWISTS AM HERD

Bei jungen Leuten der Mittelschicht ist die Landesküche schwer angesagt. Überlieferte Rezepte werden kreativ abgewandelt mit exotischen Gemüsesorten, Früchten und manchmal sogar Insekten – mit gebratenen Heuschrecken *(chapulines)* etwa, die proteinreich und fettarm sind. In nopales, den fleischigen Blättern des Feigenkaktus, steckt viel Gutes. In Streifen geschnitten und

INSIDER-TIPP
Die piksen auch nicht

gegrillt, sind sie traditionell als Beilage geschätzt. Heute ist die Frucht, deren leicht bitterer Geschmack entfernt an Gurke erinnert, aber vor allem wegen ihrer gesundheitsfördernden Eigenschaften angesagt. Chiasamen, mit ihrem hohen Gehalt an Omega-3-Fettsäuren längst ein globaler Superfood-Trend, waren für die alten Maya einst Grundnahrungsmittel. Heute besinnt man sich auch in Mexiko darauf, es wird kräftig mit Rezepten experimentiert.

GUTER START IN DEN TAG

Das mexikanische *desayuno* ist reichhaltig. Frischer Orangensaft, aufgeschnittene Mangos, Papayas und Melonen gehören dazu, ebenso kleine Kuchen, süße Brötchen und Toast. Unverzichtbar sind auch *huevos rancheros* (Spiegeleier auf Tortillas mit Chilisauce und Bohnenbrei) oder *huevos a la mexicana* (Rühreier mit Tomate und Chili). Dazu serviert man *café americano* (leider oft recht dünn), seltener einen *café de olla,* einen mit Zimt veredelten, starken Kaffee , und dazu *piloncillo* oder *panela* genannte Melasse. In den Hotels werden meist üppige Buffets aufgebaut, an denen du dich nach Herzenslust bedienen kannst.

SPÄTE TISCHRUNDE

Das sollte reichen bis zum Mittagessen, das in Mexiko erst gegen 14 Uhr ansteht. Gut, günstig, schnell ist hier die Devise. Gängig ist deshalb *comida corrida:* günstige Menüs, die aus drei Gängen bestehen und in einfachen Restaurants, den *fondas,* serviert werden, die in jeder Stadt zu finden sind.

Spät wird auch zu Abend gegessen, meist nicht vor 21 Uhr. In Mexiko-Stadt und den Städten aus der Kolonialzeit gibt es stilvolle Restaurants in historischen Gebäuden. Dort sitzt du in romantischen Innenhöfen mit plätschernden Brunnen und üppigen Pflanzen. Oft werden die Gäste dabei mit mexikanischer Volksmusik unterhalten.

¡SALUD!

Als Aperitif ist die *margarita* der Klassiker. Perfekt zum Essen passt einheimisches Bier. Corona, Sol oder Modelo? Weder noch, schon lange haben auch die Mexikaner Craftbier entdeckt, ist *cerveza artesanal* in aller Munde. Die jungen Brauer sind richtig tollkühn und experimentieren mit Schokolade, Chili und tropischen Früchten. Auch die mexikanischen Weine schmecken gut und sind wesentlich preiswerter als die importierten. Tequila, der hochprozentige, aus vergorenem Agavensaft gewonnene, meist zweifach destillierte und in Eichenfässern gereifte Branntwein, ist nicht nur Exportschlager, sondern erfreut sich als Nationalschnaps ungebrochener Beliebtheit. Während man die jüngeren Jahrgänge mit Salz und Limette trinkt, genießt man reifen Tequila *(añejo)* pur wie einen guten Cognac.

MONTEZUMAS RACHE

Vor Leitungswasser, Speiseeis, rohem Gemüse und ungeschältem Obst ist zu warnen. Wenn es dich doch erwischt, hilft das mexikanische Präparat Lomotil (Vorsicht bei Schwangerschaft und während der Stillzeit!).

Unsere Empfehlung heute

Vorspeisen

CALDO TLALPEÑO
Brühe mit Hühnchen, Gemüse,
Chipotle-Chili und Avocado

GUACAMOLE
Zerstampfte Avocados mit einem
Spritzer Limette und Salz

NACHOS
Tortillachips mit Bohnenmus, Käse und
pico de gallo (Würzmix aus gehackten
Tomaten, Zwiebeln, grünem Chili,
Koriander und Salz)

Hauptgerichte

CEVICHE
Cocktail aus rohen Meeresfrüchten mit
Limettensaft, Zwiebeln und Tomaten

CHILES EN NOGADA
Chile poblano, gefüllt mit Hackfleisch,
Nüssen und Granatapfelkernen, in einer
Milch-Nuss-Sauce

POZOLE
Eintopf aus Mais, Schweinefleisch und
Gemüse

POLLO ASADO
Scharf gewürztes Brathähnchen

COCHINITA PIBIL
In Bitterorangensaft mariniertes
Schweinefleisch, unter der Erde gegart

TAMALES
In Maisblättern gedämpfte Maisklöße,
gefüllt mit Fleisch und Gemüse

Getränke

AGUA FRESCA
Wasser mit püriertem Obst

LICUADO
Milchshake mit pürierten Früchten

PULQUE
Vergorener Agavenmost

CHELADA
Bier mit Limettensaft und Salz

MARGARITA
Limettensaft mit Tequila und
Orangenlikör

XOCOLATL
Heiße Schokolade mit Wasser
und Zimt

CHAMPURRADO
Maisteig, in Wasser und Milch mit
Zucker und Zimt aufgekocht

SHOPPEN & STÖBERN

GUTE LAUNE FÜR ZU HAUSE

Mexikanisches Kunsthandwerk ist hochwertig, witzig und sehr farbenfroh. Schon das Stöbern auf Märkten und in kleinen Shops macht gute Laune. *Arte popular* oder *artesanías* – so die Bezeichnung für die künstlerisch gearbeiteten Stücke – spiegeln die verbreitete Liebe zum Bunten, Fröhlichen und Skurrilen. Größere Städte haben *casas de artesanías* und regierungseigene Fonart-Geschäfte mit festen Preisen, in denen du einen ersten Überblick gewinnst. Ob Silberschmuck und Keramik oder feine Holzarbeiten mit Lackmalerei: Die Kunsthandwerksproduktion ist regional ausgerichtet, sodass du auf der Reise durchs Land immer neue Produkte und Herstellungstechniken sehen wirst.

MEXIKANISCH ABHÄNGEN

Unentbehrliches Requisit des mexikanischen Dolce Vita sind Hängematten *(hamacas)*. Besonders groß ist die Auswahl in Mérida (Yucatán), aber auch an der Pazifikküste und im Hochland findest du bei Straßenhändlern gute Angebote. Etwas ganz Besonderes sind die *matrimonial* genannten, bis zu 2,50 m breiten Hängematten, die zwei oder sogar drei Personen in den Schlaf schaukeln können.

SCHICK WIE FRIDA

Bunt und fröhlich sehen die handbestickten Trachtenblusen und -kleider aus, deren Stil an Frida Kahlo erinnert. Die schönsten Stücke gibt es in Chiapas, dem Bundesstaat mit dem höchsten Indianeranteil, wo Frauen *huipiles* tragen, blusenartige, handgewebte Überwürfe, die mit Brokat- oder Stickmotiven verziert sind. Dazu kommen ein langer Rock *(falda),* der mit einem Gürtel zusammengehalten wird, sowie ein handgewebter Schal *(rebozo).* Kauf besser direkt bei den Indiofrauen

Die bunten Handwerkswaren auf Mexikos Märkten machen schon beim Angucken Laune

ein, statt in den teuren Geschäften, die die Produzenten nur zu einem Bruchteil am Gewinn beteiligen.

SCHÖNHEITSMITTEL DER MAYA

In Yucatáns Badeorten, besonders in Tulum, gibt es immer mehr Geschäfte, die nach überlieferten Rezepturen der Maya hergestellte Pflanzen- und Kräutercremes verkaufen. Viele davon enthalten Aloe vera, in Mexiko eine der ältesten Heilpflanzen. Bloomish (bloomish.com), ein Start-up aus Playa del Carmen, verkauft nicht nur die am besten duftenden Seifen, sondern von Ölen über Cremes bis zu Shampoos alles, was du zur Pflege und Verwöhnung deines Körpers brauchst.

ZUCKERSÜSSE CATRINA

Tanzende, in Rüschen gekleidete Skelette, Totenköpfe aus Schokolade und mit Liebesperlen verziert: Im Oktober und November ist die Auswahl besonders groß, doch in den Touristenorten, schmückt La Catrina, die mexikanische Symbolfigur des Tags der Toten, das ganze Jahr über T-Shirts, Becher und Taschen.

HOCHPROZENTIGE MITBRINGSEL

Lohnend ist der Kauf hochwertiger Tequilamarken, die es zu Hause nicht bzw. nur deutlich teurer gibt. Empfehlenswert sind z. B. die gereiften Sorten von Herradura oder San Matias. Der Namenszusatz reposado kennzeichnet zwölf Monate gereiften Tequila. Añejo wurde zwischen ein und drei Jahren, extra añejo über drei Jahre im Fass gelagert. Wenn du es gerne rauchig magst, ist Mezcal die Spirituose deiner Wahl. Toll ist z. B. 400 Conejos. Auf Tequila spezialisierte Geschäfte, oft Tequila Museum genannt, bieten Hunderte Sorten und auch Verkostungen an. Stilvoll dazu sind mundgeblasene oder aus recyceltem Material gefertigte Tequilagläser.

SPORT

Aktiv zwischen Himmel und Erde: In Mexiko reicht die Palette von der Vulkanbesteigung bis zum Tauchgang im unterirdischen Fluss, vom Trekking in der Wüste von Baja California bis zur Kajaktour auf dem Wildwasser im südmexikanischen Regenwald. Und rund 10 000 km Küste garantieren ein gewaltiges Angebot an Wassersport. Ein Zusammenschluss von mexikanischen Reiseveranstaltern für Aktiv-, Erlebnis- und Natururlaub ist *Amtave (amtave.org)*.

BERGSTEIGEN & WANDERN

Geübt, trittsicher und schwindelfrei solltest du sein beim Besteigen von Mexikos anspruchsvollen 5000er-Vulkanen. Bei einer organisierten Trekkingtour startest du in der Regel mit dem „Akklimatisierungsgipfel" Malinche (4461 m) östlich der Hauptstadt, bevor es weitergeht zum höchsten Berg des Landes, dem Pico de Orizaba (5636 m). In der Umgebung und in der Stadt Puebla sind kompetente Bergführer und Veranstalter zu finden, falls du nicht gleich von zu Hause aus eine entsprechende Reise buchst.

Einfache bis mittlere Kondition reichen aus beim mehrtägigen Trekking in der Kupferschlucht. Die Hotels entlang der Bahnstrecke organisieren bzw. vermitteln geführte Touren. Unterwegs werden Dörfer der Tarahumara-Indianer, Wasserfälle und einsame Seen passiert – ein echtes Erlebnis. Als Ausgangspunkt bietet sich der Ort Creel an, da dort die entsprechende Infrastruktur besonders gut ist.

SURFEN & WASSERSPORT

Die Pazifikküste ist ein einziges Surferparadies mit Weltklassespots wie Puerto Escondido, Zicatela oder Troncones nördlich von Zihuatanejo/Ixtapa. Du kannst Segeltouren auf Kata-

Taucher und Schnorchler – und Walhaie – zieht es vor allem an die Ostküste von Yucatán

maranen und Yachten buchen oder mit den Fischern rausfahren. In den unzähligen Buchten ist Wassersport aller Art verbreitet.

Nicht billig, aber ein Erlebnis: Die Riviera Maya lockt mit Freizeitparks im Disney-Stil, die auch Wassersport anbieten. Eine gute Gelegenheit, in traumhaft schöner karibischer Umgebung zu schwimmen und zu schnorcheln. Die Gewässer der Parks bilden ein natürliches Aquarium, Fußwege und Brücken führen in den von viel Wasser durchzogenen Wald. Zu den ältesten und besten Anbietern gehören *Xel-Há* und *Xcaret (beide s. S. 152).* Die Parks bieten auch All-inclusive-Pakete sowie weitere kostenpflichtige Attraktionen und Sportarten an.

TAUCHEN & SCHNORCHELN

Mantarochen, Haie, tropisch bunte Fischschwärme zwischen farbenprächtigen Korallengärten: Das Topziel ist die Ostküste der Karibikhalbinsel Yucatán, denn dieser ist das zweitlängste Korallenriff der Welt vorgelagert. Ein Traum für Taucher sind besonders die dem Festland zugewandten Seiten von Cozumel und der Isla Mujeres – wobei Tauchen und Schnorcheln auf der kleinen Isla Mujeres weniger Trubel und auch weniger Kosten bedeutet als z. B. auf Cozumel. Es gibt ein vielfältiges Angebot von Riff- und Wracktauchen über Ökotauchen bis zu Unterwasserfotografie, außerdem unterschiedliche Programme für Anfänger und Profis. Einzigartige Tauchplätze sind auch die *cenotes* – mit Wasser gefüllte Becken im porösen Kalkstein –, die Lagunen und unterirdischen Flüsse der Riviera Maya in Yucatán. Ein ganz besonderes Erlebnis ist das Tauchen in dem 110 m tiefen *Cenote El Pit.* Bei Sonnenschein ist die Sicht spektakulär. Sicher tauchst du

INSIDER-TIPP
Abtauchen mit Weitsicht

mit *cenote-diving.com*. Taucherfahrung musst du für dieses Abenteuer allerdings mitbringen.

Ein super Tauchziel ist außerdem der Süden von Baja California, hier tummeln sich riesige Fischschwärme, Wale und Rochen. Zwischen Oktober und Anfang Mai kannst du in der Bucht vor La Paz sogar Walhaie erleben.

WINDSURFEN

Die lange Pazifikküste Mexikos – sowohl an der Halbinsel Baja California als auch am Festland – ist ein klasse Surfrevier. Auch Cancún und die Riviera Maya ziehen zunehmend Surfer an. Wegen der günstigen Winde und der guten Infrastruktur kommen die Sportler bevorzugt in einige Orte der Westküste, darunter Pie de la Cuesta bei Acapulco, San Blas und Puerto Escondido. Auf Baja California sind San Carlos, Cabo San Lucas, die Bahía de Los Ángeles und Los Barriles südlich von La Paz sehr beliebt.

STAND-UP-PADDLING

Mit dem SUP-Board übers Meer zu gleiten liegt auch an der Pazifikküste und an der Riviera Maya voll im Trend – vorausgesetzt, das Wasser ist ruhig, was nicht immer der Fall ist. Die meisten Strandhotels im Vier- und Fünfsternebereich halten Ausrüstung bereit und geben Tipps für den Anfang.

WILDWASSERFAHREN

Das Hochland Mexikos besitzt zahlreiche Flüsse, auf denen du Raftingtouren in Wildwasser unternehmen kannst. Im Bundesstaat Veracruz eignen sich gleich mehrere Flüsse fürs White-

waterrafting. So gilt z. B. das Dörfchen *Jalcomulco* mit mehreren Anbietern als Mekka für Wildwasserfahrer. Der Río Antigua bietet 20 km anspruchsvolle Stromschnellen (nur für Fortgeschrittene!). Für Einsteiger ebenso wie für Kinder und Jugendliche geeignet ist der Río Actopan, der auf einer Strecke von 15 km über viele kleinere Kaskaden führt.

REITEN

Reiten ist in Mexiko sehr beliebt. Überall im Land haben sich besonders in der Nähe von Touristenhochburgen Reitställe etabliert. Ausritte entlang der Strände kannst du ebenso wie mehrtägiges Trailreiten spontan vor Ort buchen. Besonders gut ist das Angebot in den Badeorten entlang der landschaftlich aufregenden Pazifikküste wie beispielsweise in Mazatlán und Puerto Vallarta. Für leidenschaftliche Pferdefans attraktiv ist auch ein Aufenthalt auf einer Gästeranch, die täglich Ausritte auf bestens gepflegten Pferden veranstaltet. *Pegasus-Reiterreisen (reiterreisen.com)* gehört zu den renommiertesten Anbietern solcher Programme.

YOGA

Du willst körperliche Fitness und geistige Ausgeglichenheit mal direkt am Karibikstrand trainieren? Oder doch lieber in der mystischen Atmosphäre eines jahrhundertealten Bergdorfs in über 2000 m Höhe? In Mexiko kein Problem! Es gibt unzählige Yogaschulen und -retreats im ganzen Land, in denen vom Anfänger bis zum Yogi-Anwärter jeder das Richtige für sich findet. Auch kombinierte Surf-&-Yoga-Retreats erfreuen sich großer Beliebtheit. Eine Übersicht findest du auf *yogafinder.com*.

GOLF

Abschlagen auf Golfplätzen, die umgeben sind von dichtem Regenwald und bevölkert von Leguanen, putten zwischen alten Mayatempeln und Aztekenpyramiden – in Mexiko ist Golf so gut wie immer auch ein landschaftliches Highlight. Neben dem Golfmekka Los Cabos an der Südspitze von Baja California sind noch mehr als 200 weitere Topanlagen über das ganze Land verteilt. Viele davon finden sich in der Umgebung von Mexiko-Stadt, darunter solche, die von legendären Golfplatzarchitekten wie Robert Trent Jones, Jack Nicklaus oder dem Mexikaner Jaime Padilla entworfen wurden. Auf der Halbinsel Yucatán ist der Platz *El Camaleón (Mayakoba Resort | MEX 307 km 289 | Tel. 98 42 06 46 53 | Greenfee ab 270 US-$, Twilight 250 US-$ | mayakoba.com)* wenige Kilometer nördlich von Playa del Carmen sogar Stopp für die US-amerikanische PGA-Tour. Der Kurs wurde von Greg Norman entworfen und kann von Anfängern genauso wie von Topgolfern gespielt werden. Weitere Infos: *golfmexico.com*

Wild und schnell wird's beim Rafting auf dem Río Tampaón

DIE REGIONEN IM ÜBERBLICK

USA

Tijuana
Mexicali
Ciudad Juárez
Chihuahua

Golfo de California
Rio Bravo
del Norte
Yaqui
Pecos
Canadian
Conchos
R. Fuerte

DER NORDEN S. 94

ZENTRALES HOCHLAND S. 4

Kontraste erleben zwischen Kakteen, Meer und wilden Cañons

Unter dem Vulkan: Pracht und Lebenslust vereint

Guadalajara
L. de Chapala

Océano

DIE WESTKÜSTE S. 76

Muy bonito: Schildkrötenbabys, Wale und goldene Strände

Pacífico

250 km
155.35 mi

Red

Mississippi

Colorado

Rio Grande

Monterrey

Laguna
Madre

G o l f o
d e
M é x i c o

Tampico

Pánuco

Alles drin: Reggae an
Karibikstränden,
Marimbaspieler
in Mérida

Für Fortgeschrittene:
Tanzen auf dem Zócalo
von Villahermosa

Mérida

**GOLF VON
MEXIKO** S. 126

YUCATÁN S. 136

CIUDAD DE MÉXICO

R. Usumacinta

BELIZE

Acapulco

DER SÜDEN S. 108

GUATEMALA

HONDURAS

EL
SALVADOR

Mayapyramiden im
Regenwald und
indianisches
Brauchtum

ZENTRALES HOCHLAND

BRODELNDES LEBEN UNTERM VULKAN

Riesige Metropolen machen das Hochland aus. Hier erwarten dich Pyramiden, Tempel und die prächtigsten Kolonialstädte des Landes. Und über allem thronen die Vulkane: Die Sierra Volcánica Transversal beherrscht die Landschaft. Gebildet wird sie von Mexikos höchsten Bergen und Vulkanen – heute sind sie überwiegend inaktiv und teilweise schneebedeckt. Sonst aber herrscht ewiger Frühling. Meist scheint die Sonne, nur nachts wird es ein wenig kühl.

Schnee drüber: Der Vulkan Pico de Orizaba hat schon sehr lange nicht mehr gespuckt

Eine Fahrt ins zentrale Hochland ist eine spannende Reise zu den Wurzeln des modernen Mexikos. Hier, auf einer Hochebene von über 2000 m, siedelten die ersten Menschen schon vor Tausenden von Jahren, gründeten im 14. Jh. Azteken ihre Hauptstadt. Auf deren Trümmern ließ der spanische Konquistador Hernán Cortés prunkvolle Kirchen und Paläste erbauen: die Geburt von Ciudad de México (Mexiko-Stadt), der heute bevölkerungsreichsten Metropole auf dem amerikanischen Kontinent.

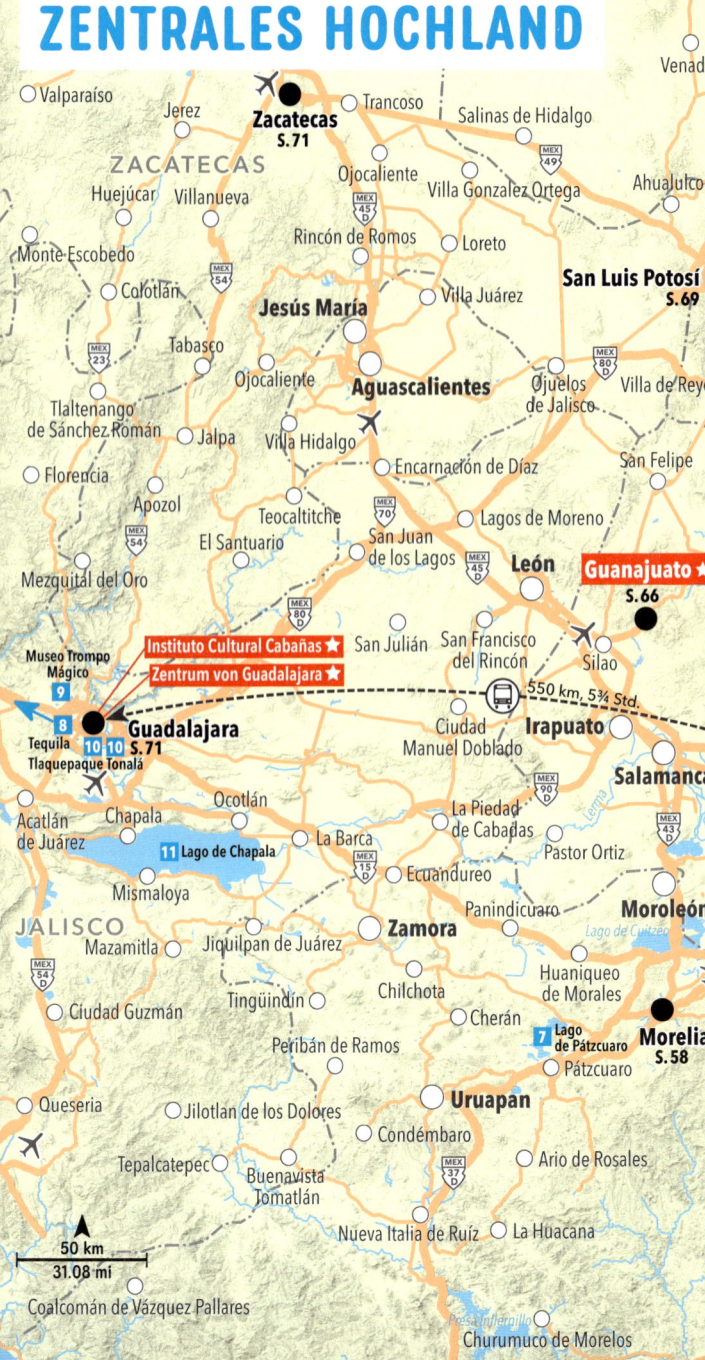

ZENTRALES HOCHLAND

Charcas

Venado

Valparaíso

Jerez

Zacatecas
S. 71

Trancoso

Salinas de Hidalgo

Ahualulco

ZACATECAS

Huejúcar

Villanueva

Ojocaliente

Villa Gonzalez Ortega

MEX
49

Rincón de Romos

Loreto

San Luis Potosí
S. 69

Monte-Escobedo

Colotlán

MEX
54

Jesús María

Villa Juárez

MEX
23

Tabasco

Ojocaliente

Aguascalientes

Ojuelos
de Jalisco

Villa de Reyes

MEX
80
D

Tlaltenango
de Sánchez Román

Jalpa

Villa Hidalgo

Encarnación de Díaz

San Felipe

Florencia

Apozol

MEX
54
D

Teocaltiche

San Juan
de los Lagos

MEX
70

Lagos de Moreno

MEX
45
D

El Santuario

Mezquital del Oro

MEX
80
D

León

Guanajuato ★
S. 66

Museo Trompo
Mágico

9

Instituto Cultural Cabañas ★

Zentrum von Guadalajara ★

San Julián

San Francisco
del Rincón

Silao

Tequila
Tlaquepaque Tonalá

8

10 10

Guadalajara
S. 71

550 km, 5¾ Std.

Ciudad
Manuel Doblado

Irapuato

Salamanca

MEX
90
D

MEX
43
D

Acatlán
de Juárez

Chapala

Ocotlán

La Piedad
de Cabadas

Pastor Ortiz

11 Lago de Chapala

La Barca

MEX
15

Ecuandureo

Panindícuaro

Moroleón

Mismaloya

Lago de Cuitzeo

JALISCO

Mazamitla

Jiquilpan de Juárez

Zamora

Huaniqueo
de Morales

MEX
54
D

Tingüindín

Chilchota

Cherán

7 Lago
de Pátzcuaro

Morelia
S. 58

Ciudad Guzmán

Peribán de Ramos

Pátzcuaro

Queseria

Jilotlán de los Dolores

Uruapan

Condémbaro

Ario de Rosales

Tepalcatepec

Buenavista
Tomatlán

MEX
37
D

50 km
31.08 mí

Nueva Italia de Ruíz

La Huacana

Coalcomán de Vázquez Pallares

Churumuco de Morelos

MARCO POLO HIGHLIGHTS

MEXIKO-STADT

(⌑ L9–10) **Bereits vom Flugzeug aus lässt sich die ungeheure Größe von Mexiko-Stadt (Ciudad de México) erahnen: Ein Gewirr von Straßen und Flachdächern, Wolkenkratzern und Grünanlagen tut sich auf. Beim Landeanflug hat man oft einen tollen Blick über die selbst im Sommer schneebedeckten Vulkane Popocatépetl und Iztaccíhuatl.**

Der Paseo de la Reforma, ein teils zehnspuriger, von Hochhäusern, Denkmälern und Bäumen gesäumter Prachtboulevard, ist neben der über 50 km langen Avenida Insurgentes die zentrale Achse der 22-Mio.-Ew.-Metropole. Hier quälen sich täglich Zehntausende Autos entlang, stehen gewaltige Glaspaläste und Wolkenkratzer. Die beste Gelegenheit, auf der Reforma mit dem Rad unterwegs zu sein, ist sonntagvormittags, wenn die Straße für Autos weitgehend gesperrt ist. Grüne Oasen sind der Chapultepec- und der Alamedapark, besonders an Wochenenden Anlaufstellen für Großfamilien. In der Zona Rosa gleich westlich des Zentrums herrscht rund um die Uhr Partystimmung. Und in hippen Vierteln wie Condesa, Roma Norte und Colonia Juárez bewegst du dich zwischen Galerien, trendigen Bars, Cafés und Buchhandlungen. Außerhalb dieser Komfortzonen sind Armut und Gewalt mitunter recht krass zu spüren.

Mexiko-Stadt ruht auf historischem Boden: Wo heute die Kolonialbauten

WOHIN ZUERST?

Zócalo *(⌑ f3):* Von den vier großen Busbahnhöfen und vom Flughafen gelangst du mit der Metro ins Stadtzentrum, das *Centro Histórico (Station Zócalo).* An einem der dortigen Informationskioske bekommst du einen Stadtplan. Am Zócalo liegen der Nationalpalast, die Kathedrale sowie die archäologische Stätte Templo Mayor. Über die Avenida Madero oder die 5 de Mayo spazierst du vorbei an spanischen Stadtpalästen und Kirchen zum Parque Alameda Central und dem Palacio de Bellas Artes.

der Spanier stehen, gab es bis 1521 Pyramiden, Tempel und indianische Paläste: Im 14. Jh. hatten die Azteken auf einer Insel des Texcocosees Tenochtitlán gegründet; die Siedlung wuchs zum Zentrum ihres Reichs. Cortés und seine Männer machten 1521 alles dem Erdboden gleich. An die legendären schwimmenden Gärten der Azteken erinnert heute nur noch das südlich der Stadt gelegene Xochimilco, ein Komplex labyrinthartig angelegter Seen und Kanäle.

SIGHTSEEING

Der knallrote Doppeldecker-*Turibus (turibus.com.mx)* fährt täglich von 9 bis 19 Uhr im 35-Minuten-Takt zwischen Zócalo und Chapultepec *(Centro Histórico)* viele Sehenswürdigkeiten an (19 Stopps). Weitere Routen führen nach Polanco und Chapultepec (sieben Stationen), über Coyoacán und die Universität in den Süden der Stadt bis Tlalpan (18 Stationen) und zur Plaza Garibaldi und Basilika (fünf Stationen). *Tageskarte 160, Sa/So 180 Pesos*

ZÓCALO ★

Jedes Jahr am Vorabend des Unabhängigkeitstags, am 15. September, füllt sich der riesige, unbebaute Platz mitten im Zentrum mit bis zu 1 Mio. Menschen. Mit 240 m Seitenlänge ist er einer der größten Plätze der Erde. Einst schlug hier das Herz von Moctezumas Reich: Hier stand der Haupttempel des alten Tenochtitlán. Auf dessen Trümmern ließ Hernán Cortés den Platz und die ersten umliegenden Gebäude erbauen.

Um den Zócalo (offiziell Plaza de la Constitución) gruppieren sich die bedeutendsten kolonialen Gebäude. Besonders die Kathedrale, die größte des amerikanischen Kontinents, ist ein Musterbeispiel kolonialer Pracht. Und im *Palacio Nacional (Di–So 9–17 Uhr)*, Regierungssitz des mexikanischen Präsidenten, prangt eines der berühmtesten 🐦 Wandgemälde *(murales)* des Landes: die von Diego Rivera gestaltete Geschichte des „Mexiko über die Jahrhunderte".

Gegen ein Trinkgeld kannst du abends die aztekischen Tänzer mit Lendenschurz und Kopfschmuck fotografieren, die die alten Zeremonien zum Leben erwecken. Hungrig geworden? Der Platz ist umgeben von Cafés und Imbissständen. ==Probier unbedingt die leckeren Sandwiches mit Fleisch, Bohnen und Salsa!== *Metro: Zócalo | ▭ f3*

INSIDER-TIPP
Die besten Pelonas der Stadt

Im Palacio Nacional: Riveras berühmtes Wandgemälde „Mexiko über die Jahrhunderte"

CATEDRAL METROPOLITANA ☂

Die Ausmaße der Kathedrale sind gewaltig. Es warten kunstvolle Steinmetzarbeiten um die Portale, der überreich verzierte Altar der Könige *(Altar de los Reyes)* und kunstvoll aus Zedernholz geschnitztes Chorgestühl. Das schwere Bauwerk sinkt inzwischen schief in den Untergrund und muss aufwendig abgestützt werden. Beschränk dich nicht nur aufs Äußere. Drinnen wird gebetet, man bringt Kerzen dar, die stille Atmosphäre ist berührend. *Tgl. 8–20 Uhr | Zócalo | Metro: Zócalo | ▥ f3*

TEMPLO MAYOR

Das Zentrum der alten Aztekenmetropole Tenochtitlán: Bereits Cortés wusste über deren wichtigste Kultstätte, den Templo Mayor, zu berichten, dass dieser „höher ist als die Kathedrale von Sevilla". Heute sind die Grundmauern der Pyramide weitgehend freigelegt. Daneben erläutern Ausgrabungen die Geschichte der Azteken. *Di–So 9–17 Uhr | Seminario 8 | Metro: Zócalo | templomayor.inah.gob.mx | ⏱ 45 Min. | ▥ f3*

TORRE LATINOAMERICANA

Die Aussichtsplattform im 44. Stock bietet dir einen Rundblick auf die Stadt und die Vulkane. Vorausschauend: Der Architekt des 1956 errichteten, 181 m hohen Turms sorgte für erdbebensichere Fundamente. *Mo–Fr 10–21, Sa/So 9–22 Uhr | Madero/Cárdenas | Metro: Bellas Artes | miradorlatino.com | ⏱ 30 Min. | ▥ e3*

ALAMEDA CENTRAL

Mexiko-Stadt hat viele grüne Oasen, eine der nettesten ist dieser Park.

Sonntags pilgern die Leute mit Kind und Kegel und einem Picknickkorb in die Großstadtoase, wo Luftballonverkäufer, Artisten und Musiker um die Aufmerksamkeit des Publikums wetteifern. Kids spielen Ball, die Erwachsenen genießen die beschauliche, etwas altmodisch anmutende Atmosphäre. *Metro: Bellas Artes | ▥ e3*

MUSEO DE ARTE POPULAR

Tolle Ausstellung mexikanischer Volkskunst auf drei Etagen in einem großartigen Art-déco-Gebäude. Zu sehen gibt es farbenfrohe Tierkeramiken aus Oaxaca, bizarre Holzmasken, Silberschmuck, gewaltige Figuren aus Pappmaché und vieles mehr. Am besten gleich mit dem Aufzug in den 3. Stock fahren. So macht

INSIDER-TIPP
Von oben nach unten

MEXIKO-STADT

Tianguis Cultural del Chopo (El Chopo)
Plaza de las Tres Culturas
Basílica de Guadalupe
Tepito
Guillermo Barreda
Prieto
Calle Gabino Barreda
Calle M. Miguel Schultz
Calle Maestro Antonio Caso
Calle James Sullivan
zada Manuel Villalongín
Palacio de Bellas Artes
Café de Tacuba
Templo Mayor
Alameda Central
Museo de Arte Popular
Ave. Juárez
La Ópera
Catedral Metropolitana
Moya
Fonart
Torre Latinoamericana
Sanborns
16 de Septiembre
Calle Río Sena
La Ciudadela
Zócalo ★
rma
Paseo de la Reforma
Calle Roma
Avenida Bucareli
Avenida Baldera
Calle Luis
Lázaro Cárdenas
Calle Regina
Petit Roquefort
Avenida Insurgentes Centro
Avenida José María Izazaga
Florencia
Calle Hamburgo
Hanky Panky Cocktail Bar
Avenida Chapultepec
Avenida Fray Servando Teresa de Mier
Londres
lle
Calle Doctor Lavista
uebla
Calle
Calle Córdoba
Avenida Cuauhtémoc
Héroes
Calle Doctor J. Navarro
Calle Chimalpopoca
Maison Artemisia
oaxaca
Avenida Alvaro Obregón
Calle
Doctor Ignacio Erazo
Calle Simón Bolívar
Calle Isabel la Católica
Museo Frida Kahlo
Licorería Limantour
Corazón de Maguey
Museo Casa León Trotsky
Lázaro Cárdenas
Calle Alfredo
Chavero
C. San Antonio Abad
dam
Manuel José Othón
500 m
547 yd

---

der Besuch am meisten Spaß und ist auch stimmig! Der Shop im Erdgeschoss ist übrigens eine Fundgrube für schöne und ausgefallene Mitbringsel. *Di–So 10–18 Uhr | Revillagigedo 11/Independencia | Metro: Juárez | map.cdmx.gob.mx | ⏱ 45 Min. | 🍴 e3*

PLAZA DE LAS TRES CULTURAS

Die an den Ruinen einer präkolumbischen Tempelanlage angebrachte Gedenktafel erinnert an den 13. August 1521, als Hernán Cortés Tenochtitlán eroberte. Für die Kolonialzeit steht die 1609 erbaute Kirche Santiago Tlatelolco und das heutige Mexiko verkörpern Hochhäuser. *Metro: Tlatelolco | 🍴 f1*

BASÍLICA DE GUADALUPE 🚩

Am 9. Dezember 1531 soll dem Indio Juan Diego auf dem Hügel Tepeyac, den schon die Azteken als heiligen Ort verehrten, die Jungfrau Maria mit indigenem Aussehen erschienen sein. Sie trug Diego auf, beim Bischof um die Errichtung einer Kirche zu ersuchen. Nach weiteren Erscheinungen und Wundern gab die Kirche nach. *La Morena,* die Dunkelhäutige, trug erheblich zur Missionierung der indianischen Bevölkerung bei und ist heute die Schutzheilige Mexikos. Am 12. Dezember strömen Gläubige aus dem ganzen Land zur Wallfahrtskirche und täglich besuchen Hunderte von Pilgern den Ort. In der Basilika, die in den 1970er-Jahren neu errichtet wurde, befindet sich in einem Glasschrein der Umhang des Juan Diego, der von Papst Johannes Paul II. heiliggesprochen wurde. *Tgl. 9–18.30, Do bis 19 Uhr | Zumárraga 2 | Metro: Basílica | 🍴 0*

Ein Schmuckstück der Belle Époque: Kein Wunder, dass das Café de Tacuba so beliebt ist

MUSEO RUFINO TAMAYO

Am östlichen Ende des Chapultepec-parks findest du die Privatsammlung des berühmten Malers mit eigenen Werken und solchen von Pablo Picasso, Joan Miró, Francisco Toledo und anderen. *Di–So 10–18 Uhr | Paseo de la Reforma/Calzada Gandhi | Metro: Chapultepec | museotamayo.org |* 🕐 *1 Std. | 🗺 a4*

MUSEO NACIONAL DE ANTROPOLOGÍA ⭐ 🏺

Die Einstimmung auf das, was kommt, gibts vor dem Eingang: einen 8 m hohen Monolithen des aztekischen Regengotts Tláloc. *Bienvenidos* in einem der besten Museen der Welt! Während du in den ersten Sälen eine Einführung in die mittelamerikanischen Kulturen erhältst, sind die übrigen Räume jeweils einer präkolumbischen Kultur gewidmet. Besuchermagnet ist der Sonnenstein der Azteken in Saal 7.

Di–So 9–18 Uhr | Paseo de la Reforma/ Calzada Gandhi | Metro: Chapultepec | mna.inah.gob.mx | 🕐 *2 Std. | 🗺 a4*

BOSQUE DE CHAPULTEPEC

Der riesige Park hat viel zu bieten: kleine Wälder, mit Booten bestückte Seen, einen botanischen Garten, Picknickwiesen und den tollen, kostenlos zugänglichen 🐾 *Chapultepec-Zoo,* in dem sogar einige der seltenen Riesenpandas leben. Auf einem Hügel liegt das *Schloss Chapultepec,* heute ein historisches Museum. Das *Monumento a los Niños Héroes* am Eingang erinnert an sechs junge Kadetten, die 1847 ihren Widerstand gegen die bis nach Mexiko-Stadt vorgedrungenen US-Truppen mit dem Tod bezahlten. Im hinteren, westlichen Teil des Parks liegt das Kindermuseum 👫 *Papalote – Museo del Niño (tagesaktuelle Öffnungszeiten s. Website | Av. Constituyentes 268 | papalote.org.mx |* 🕐 *2 Std.),* das jungen Besuchern eine einzigartige Einführung in die Naturwissenschaften bietet. Kleine Forscher dürfen nach Herzenslust technische Experimente durchführen, Fragen stellen und alles anfassen – und auch Erwachsene haben ihren Spaß. *Metro: Chapultepec | 🗺 a4–5*

MUSEO SOUMAYA

In einem sechsstöckigen, futuristischen Gebäude im Stadtteil Polanco, das sich schnell zu einem neuen Wahrzeichen der Hauptstadt entwickelt hat, befindet sich die private Kunstsammlung des Unternehmers Carlos Slim, eines der reichsten Menschen der Welt. Benannt ist es nach seiner 1999 verstorbenen Ehefrau. Es beherbergt rund 66 000 Exponate, darunter eine der weltweit größten Skulpturensammlungen von Auguste Rodin. *Tgl. 10.30–18.30 Uhr | Boulevard Cervantes Saavedra/Presa Falcón | Metro: San Joaquín | ⏱ 2 Std. | 🗺 0*

MUSEO FRIDA KAHLO

Die Casa Azul, das niedrige, blau getünchte Haus, in dem die legendäre Malerin von 1929 bis 1954 mit Ehemann Diego Rivera lebte und arbeitete, ist heute ein liebevoll gepflegtes Museum. ==Kauf die Eintrittskarte rechtzeitig vor deinem Besuch online: Im Museum selbst gibt es keinen Ticketverkauf und die Plätze sind heiß begehrt!== *Di und Do–So 10–18, Mi 11–18 Uhr | Londres 247/Allende | Metro: Coyoacán | museofridakahlo.org.mx | ⏱ 1½ Std. | 🗺 0*

INSIDER-TIPP
Frühzeitig planen!

MUSEO CASA LEÓN TROTSKY

Nachdem Leo Trotzki, Organisator der Oktoberrevolution und Gründer der Roten Armee, bei Josef Stalin in Ungnade gefallen war, gewährte ihm der Präsident Lázaro Cárdenas 1937 auf Bitten von Diego Rivera Asyl. Trotzki wohnte zunächst bei dem Künstlerpaar Rivera/Kahlo, baute dann ein Wohnhaus zu einer Festung um. Vergeblich: 1940 wurde er von einem Agenten Stalins getötet. Sein Haus, in dessen Patio er bestattet liegt, ist nicht nur Museum, sondern auch ein Treffpunkt und Veranstaltungsort der alternativ-sozialistischen Szene. *Di–So 10–17 Uhr | Viena 45, Eingang Río Churubusco 410 | Metro: Coyoacán | museo casadeleontrotsky.blogspot.com | ⏱ 45 Min. | 🗺 0*

ESSEN & TRINKEN

CAFÉ DE TACUBA

Spezialitäten des typisch mexikanischen Restaurants von 1912 mit bemalten Kachelwänden und Belle-Époque-Einrichtung sind *enchiladas, carne asada* und *chiles rellenos.* Ein bei Einheimischen beliebter Treffpunkt. *Tacuba 28 | Metro: Allende | Tel. 55 55 21 20 48 | cafedetacuba.mx | €€ | 🗺 e-f3*

LA ÓPERA

Eine Legende: Hier hat schon Pancho Villa gespeist und einen Revolverschuss in der Decke hinterlassen. Gute mexikanische Küche in holzgetäfeltem Raum. *5 de Mayo 10 | Metro: Bellas Artes | Tel. 55 55 12 89 59 | laoperabar.com | €€ | 🗺 e3*

SANBORNS

Das Lokal liegt im großen, verglasten Patio des historischen Stadtpalasts Casa de los Azulejos. Die Ausstattung ist stuck- und goldüberladen, der Service spitze. **Frag nach der Frühstückskarte und bestell eines der Menüs mit Saft, *pan dulce* und mexikanischen Eiern!** *Madero 4 | Metro: Bellas Artes | Tel. 55 55 18 35 25 | €€ | ⌂ e3*

INSIDER-TIPP
Desayunos mexicanos

PETIT ROQUEFORT

Ein All-Day-Breakfast-Restaurant mit Blick fürs Detail in bester Lage. Leckeres Essen, Topservice und eine schöne Terrasse machen Lokal im Colonia-Juárez-Viertel zu einem echten Highlight. *Londres 37 | Metro: Cuauhtémoc | Tel. 55 59 29 92 23 | petitroquefort.com | € | ⌂ c4*

CORAZÓN DE MAGUEY

Einen kurzen Spaziergang vom Frida-Kahlo-Museum entfernt findest du das „Herz der Agave". Authentische Gerichte aus ganz Mexiko und *mezcal artesanal. Jardín Centenario 9a | Metro: Coyoacán | Tel. 55 55 54 75 55 | €€ | ⌂ 0*

SHOPPEN

LA CIUDADELA

Gewaltiges Kunsthandwerkszentrum mit Dutzenden Shops und Cafés. *Plaza de la Ciudadela, Balderas/Ayuntamiento | Metro: Balderas | laciudadela.com.mx | ⌂ d4*

FONART

Am Paseo de la Reforma liegt eines der regierungseigenen Fonart-Geschäfte mit festen Preisen und exporterfahrenen Verkäufern. Fonart unterstützt das *Indígena*-Kunsthandwerk, bezieht die Produkte ohne Vermittler direkt von den Herstellern und verkauft zu angemessenen, fairen Preisen. *Paseo de la Reforma/Milan | Metro: Cuauhtémoc | ⌂ d3*

Marken-Fakes von Gucki bis Pucki werden auf dem Tepito-Markt verhökert

TIANGUIS CULTURAL DEL CHOPO (EL CHOPO)

Hunderte Geschäfte und Stände des Flohmarkts der Sub- und Gegenkulturen ziehen Woche für Woche Tausende von Besuchern an; im Angebot sind u.a. Musik, Kleidung, Schmuck. *Sa 10–17 Uhr | Colonia Guerrero | Aldama | Metro: Buenavista | 🗺 d2*

TEPITO

In dem rund ein Dutzend Straßen umfassenden Viertel, einer lauten, vollen, ziemlich heruntergekommenen Zeltstadt, hauen die Mexikaner leidenschaftlich gern ihre Pesos auf den Kopf. So ist „hergestellt in Tepito" *(hecho en Tepito),* dem anarchischen Schwarzmarkt für Fälschungen und Imitate, zum Synonym für alles Billige und Getürkte geworden. Kaufen wirst du hier eher nichts, aber ein Besuch ist ein Erlebnis. Am besten beschränkst du dich zunächst auf die Matamoros-Straße mit viel Betrieb. *Mi–Mo 10–18 Uhr | Matamoros/Toltecas | Metro: Lagunilla | 🗺 f2*

BAZAAR SÁBADO

Der Markt findet jeden Samstag im angesagten Stadtteil San Ángel südwestlich der Innenstadt statt. Kreativ und reichhaltig ist das Angebot an Malereien und Handarbeiten an der *Plaza San Jacinto. Kein Metroanschluss, Fahrt vom Zentrum mit Uber etwa 6 Euro | elbazaarsabado.com | 🗺 0*

AUSGEHEN & FEIERN

PALACIO DE BELLAS ARTES

In dem prächtigen Jugendstilgebäude tanzt das Ballet Folklórico, ein farbenprächtiges, zweistündiges Spektakel, und es gibt (meist klassische) Konzerte. Kauf deine Karte besser vorab online. *Ballettvorstellungen meist So und Mi 20.30, So auch 9.30 Uhr | Cárdenas/5 de Mayo | Metro: Bellas Artes | Tel. 55 86 47 65 00 | palacio.inba.gob. mx | 🗺 e3*

HANKY PANKY COCKTAIL BAR

Die Bar wird immer wieder unter die Top 50 der weltweit besten Cocktailbars gewählt. Die Bar ist ein Speakeasy mit verstecktem Zugang, Einlass erhält nur, wer vorab online eine Reservierung vornimmt. *Turín 52 | Metro: Cuauhtémoc | hankypanky.mx | 🗺 d4*

INSIDER-TIPP
Geheimer Cocktail

MAISON ARTEMISIA

Zum Intreff hat sich diese Bar auf zwei Etagen mit Livemusik in einem historischen Gebäude mit Dekor im Stil der 1930er-Jahre entwickelt. Anklopfen reicht und du wirst eingelassen. Insider bestellen Absinth. *Colonia Roma Norte | Tonalá 23/Durango | Metro: Insurgentes | maisonartemisia.com | 🗺 c5*

LICORERÍA LIMANTOUR

Eine weitere Topadresse für alle Cocktailfans. Diese Bar mixt auch im internationalen Vergleich ganz oben mit. Probier hier unbedingt die *margarita al pastor* mit Koriandersalz und Serrano-Chili-Sirup! *Obregón 106 | Metro: Insurgentes | limantour.tv | 🗺 c5*

INSIDER-TIPP
Margarita mal ganz extravagant

RUND UM MEXIKO-STADT

1 XOCHIMILCO ⚑

*20 km südlich von Mexiko-Stadt/
45 Min. mit Metro 2 bis Tasqueña,
dann tren ligero (Straßenbahn) bis
Xochimilco Embarcadero*

Klassischer Wochenendausflug der Hauptstädter: die „schwimmenden Gärten" *(chinampas)*. Wo die Azteken auf schwimmenden, mit Flussschlamm gefüllten Anbauflächen einst Gemüse zogen, schipperst du heute durch ein verschlungenes System von Wasserwegen. Es ist eine Mischung aus venezianischen Kanälen und den Khlongfahrten in Bangkok mit einer großen Prise Mexiko: Sichre dir einen Sitzplatz in einer der vielen bunten Gondeln *(trajinera)* und genieß die Partystimmung auf dem Wasser. Auf den üppig bemalten und mit Blumen geschmückten, überdachten Booten wird zu den Klängen von *Mariachi*-Bands, die ebenfalls auf den Kanälen kreuzen, gegessen und getrunken. Buch eine Tour zur *Isla de las Muñecas,* der Insel der Puppen,

INSIDER-TIPP
Schaurige Attraktion

die dort zu Tausenden in den Bäumen hängen: Sie sollen den Geist eines angeblich nahe der Insel ertrunkenen Mädchens fernhalten, der die Insel immer wieder heimsuchte. *1 Std. 500 Pesos/ Boot für bis zu 18 Personen, einzelne Sitzplätze aushandelbar |* 📖 *L10*

2 POPOCATÉPETL

*90 km südöstlich von Mexiko-Stadt/
2 Std. mit dem Auto*

An klaren Tagen ist er noch in Mexiko-Stadt zu sehen. In Nahuatl, der Sprache der Azteken, bedeutet der Name „rauchender Berg", eine treffende Bezeichnung für den aktiven, knapp 5500 m hohen Vulkan, der 2019 wiederholt Asche und glühende Gesteinsbrocken spuckte. Auch Anfang 2022 rauchte der Berg. Zusammen mit dem rund 20 km entfernten, inaktiven *Iztaccíhuatl* bildet er den Parque Nacional Izta-Popo. Wenn der Vulkan ruhig ist, kann man von *Amecameca* (dort lässt man sich auch im Nationalparkbüro an der Plaza de la Constitución registrieren) auf einer asphaltierten Straße bis auf 3700 m Höhe und zum Cortés-Pass fahren – ein phantastisches Erlebnis! 📖 *L10*

3 TEOTIHUACÁN ⭐

*50 km nordöstlich von Mexiko-Stadt/
1–1½ Std. mit dem Bus ab Metro
Autobuses del Norte*

Die Azteken nannten sie „Platz der Götter" (Teotihuacán), als sie die verlassene Pyramidenstadt mit ihren gewaltigen Bauwerken entdeckten. Wer sonst als die Götter, überlegten sie, sollte in der Lage gewesen sein, eine so gigantische Stadt zu erschaffen? Vom 4. Jh. v. Chr. bis 650 n. Chr. lebten in einer der damals größten Metropolen der Welt bis zu 200 000 Menschen. Und niemand weiß bis heute, wer dieses Volk war.

Fest steht: Architektonischer Höhepunkt der Stätte ist die Sonnenpyramide *(Pirámide del Sol)* an der über

40 m breiten Straße der Toten (Camino de los Muertos), ein gewaltiges, 63 m hohes Bauwerk, auf das breite Treppen führen. Da zur Entstehungszeit weder Zugtiere noch das Rad bekannt waren, mussten die für den Bau erforderlichen 2½ Mio. t Erde und Stein von Lastenträgern herbeigeschafft werden. Mindestens zwei Jahrzehnte müs-

4 TULA

100 km nördlich von Mexiko-Stadt/ 1½ Std. mit dem Bus

Die archäologische Stätte ist berühmt wegen vier 4,60 m hoher Steinskulpturen, die ursprünglich das Dach des Morgensterntempels trugen und sich heute auf der Plattform der Pyramide befinden. Die Statuen, jeweils aus vier

Standhafte Riesen: Die Steinfiguren von Tula wurden erst im 20. Jh. entdeckt

sen die Arbeiten gedauert haben, errechneten Archäologen – und das auch nur, wenn mindestens 2000 Arbeiter rund um die Uhr am Werk waren.

Ganz im Norden erhebt sich der prächtige Palast der Quetzal-Schmetterlinge (Palacio del Quetzalpapálotl), so benannt nach den dortigen Malereien. Er liegt am Platz der Mondpyramide (Pirámide de la Luna) mit vier weiteren pyramidenförmigen Bauwerken. *Tgl. 9–17 Uhr | teotihuacan.inah.gob.mx |* ⊙ *½ Tag | □ L9*

Teilen bestehend, stellen bewaffnete Krieger dar. Die 1938 entdeckte Stätte war einst für fast drei Jahrhunderte das religiöse Zentrum der Tolteken.

Zunächst passiert man einen ungewöhnlich großen, 67 × 12,5 m messenden Ballspielplatz (Juego de Pelota) und sieht von dort schon die Hauptattraktion, die 10 m hohe *Stufenpyramide des Quetzalcóatl* mit den Statuen. Wirf auch einen Blick in den sich anschließenden „Verbrannten Palast" (Palacio Quemado), in dessen mittlerem Hof zwei Chac-Mool-Statuen sowie Reste der ursprünglichen Bemalung zu bewundern sind. *Tgl. 9–17 Uhr | ⏱ 1½ Std. | ▥ L9*

PUEBLA

(▥ L10) **Die 2,5-Mio.-Metropole begeistert im Zentrum als koloniales Schatzkästchen mit prächtigen alten Kirchen, Palästen und Klöstern.** Auf gut 2000 m Höhe gelegen, wird Puebla von vier meist schneebedeckten Vulkanen flankiert: Popocatépetl und Iztaccíhuatl an der Westseite, La Malinche im Norden und Pico de Orizaba im Osten. Das weitläufige, im spanischen Schachbrettstil angelegte Zentrum steht unter Denkmalschutz. Zahlreiche Häuser sind mit handbemalten Talaverakacheln geschmückt. Die farbenfrohen Fliesen bescherten der 1531 gegründeten Kolonialstadt ihren frühen Reichtum und prägen noch heute den Charakter Pueblas.

SIGHTSEEING

CATEDRAL
Der Stolz der Stadt, Teil des Unesco-Weltkulturerbes, das die gesamte Altstadt umfasst, ist eine der berühmtesten und schönsten Kirchen des Landes. Sie wurde ab 1550 im barocken Stil errichtet. Im Inneren beeindrucken Marmor und Onyx sowie mit Blattgold verzierte Altäre. Nach Sonnenuntergang wird die Kathedrale prächtig beleuchtet. *Tgl. 9–13 und 16–20 Uhr | Südseite des Zócalo*

CASA DE LA CULTURA
Das ehemals bischöfliche Palais beherbergt heute ein Kulturzentrum und die *Biblioteca Palafoxiana (Di–So 10–18 Uhr),* die älteste öffentliche Bibliothek Lateinamerikas. Sie besitzt mehr als 50 000 Bände, alte Globen und Landkarten und ist mit antiken Marmorfußböden und geschnitzten Edelholzregalen eingerichtet. *Mo–Fr 8–20, Sa 9–13, So 10–18 Uhr | Av. 5 Oriente 5 (hinter der Kathedrale) | ⏱ 45 Min.*

MUSEO BELLO ⭐
Der aus einer reichen Industriellenfamilie stammende José Luis Bello y Gonzáles war einst der Herr dieses im üppigen mexikanischen Barock erbauten Eckhauses. Was jahrzehntelang gesammelt wurde, kann sich heute jeder anschauen: Porzellan aus China und Meißen, dazu antike Talaverakacheln aus vier Jahrhunderten, Ölbilder und jede Menge fein gearbeiteter Möbelstücke. *Di–So 10–18 Uhr | Calle 3 Sur/Av. 3 Poniente 302 | museobello.org | ⏱ 30 Min.*

CASA DE MUÑECOS
Das „Puppenhaus" ist eines der auffälligsten Häuser der Stadt. Der für Puebla typische Zuckerbäckerstil fand hier seine höchste Vollendung. Ein Teil des Hauses wird als Kunstmuseum der Universität genutzt, in dem anderen befindet sich das gleichnamige Gourmetrestaurant. *Calle 2 Norte 2*

CASA DEL ALFEÑIQUE
Bereits das Äußere des Gebäudes ist faszinierend. „Mandelkuchenhaus" nennen es die Einwohner, weil es ganz

Köstlichkeiten in stilvoller Atmosphäre gibts im Mesón Sacristía de la Compañía

mit rotbraunen Kacheln verziert ist. Prächtige Stuckornamente umgeben die Fenster und Türen. Es beherbergt das *Museo Regional,* das u. a. regionale Trachten zeigt. *Di–So 10–17 Uhr | Av. 4 Oriente/Calle 6 Norte |* ⏱ *45 Min.*

ESSEN & TRINKEN

MESÓN SACRISTÍA DE LA COMPAÑÍA

Das Hotelrestaurant lädt zu mexikanischer Gourmetküche in einen antiken Salon oder in den Patio. Reservieren! *Calle 6 Sur 304/Callejón de los Sapos | Tel. 22 22 32 45 13 | mesones-sacristia. com | €€€*

EL MURAL DE LOS POBLANOS

Die schöne Altstadtlage und beste mexikanische Küche zeichnen das Kolonialhaus mit diversen Patios aus. Bereits morgens herrscht hier Betrieb, denn es gibt eine Vielzahl an tollen Frühstücksvarianten. Zum Dinner muss es dann die berühmte *mole poblano* sein. *Av. 16 de Septiembre 506 | Tel. 22 22 42 66 96 | elmuraldelospoblanos.com | €€*

FONDA DE SANTA CLARA

Mexikanische Küche nach alter Tradition. Das Restaurant ist in Puebla gleich viermal zu Hause, u. a.: *Av. 3 Poniente 307 | Tel. 22 22 32 76 74; Av. 3*

Im Hintergrund von Cholulas prächtiger Kirche thront majestätisch der Popocatépetl

Poniente 920 | Tel. 22 22 46 19 19 | fondadesantaclara.com | €€

SHOPPEN

MERCADO PARIÁN

Hier findest du Kunsthandwerk aus der Gegend und eine große Auswahl an Keramiken und Kachelarbeiten. *Calle 6 Norte/Av. 2–4 Oriente*

PLAZUELA DE LOS SAPOS

Die kleine Plaza ist ein Zentrum der Antiquitätenläden. Antike Tequilagläser und neue Panamahüte kann man ebenso erstöbern wie einen in die Jahre gekommenen Hausaltar mit aufgesetzten Halbedelsteinen. Hier findet sich alles, was Sammlerherzen höherschlagen lässt. Sonntags ab 10

Uhr ist Flohmarkt. *Calle 5 Oriente/Calle 6 Sur*

RUND UM PUEBLA

5 CHOLULA

15 km westlich von Puebl/15 Min. mit dem Taxi

Das Wahrzeichen der Stadt (50 000 Ew.) ist ein riesiger grasbewachsener Hügel, auf dessen Spitze eine katholische Kirche steht. 1931 entdeckte man darunter eine der größten *Pyramiden (Di–Sa 10–17.30 Uhr)* Amerikas, 65 m hoch. Nur die Westseite wurde ausgegraben und rekonstruiert. Durch einen niedrigen, engen, verwinkelten Gang gelangt man an die vielen Überbauungen. In der ganzen Stadt haben Künstler aus aller Welt zahlreiche Wände bunt gestaltet.

Nicht nur eingefleischte Kirchenliebhaber begeistert die 4 km südlich gelegene Kirche ⭐ *Santa María Tonantzintla (tgl. 9–18 Uhr | Spende erwünscht)* aus der zweiten Hälfte des 18. Jhs. Das Äußere wirkt recht schlicht, aber die überreiche Gestaltung im Inneren ist überwältigend: Indianische Handwerker und Künstler arbeiteten fünf Jahrzehnte lang an der Gestaltung des Innenraums und verzierten jede noch so kleine Fläche an den Decken und Wänden mit Stuck in Form von Engeln, Figuren, Ranken, Früchten und Maiskolben, verwendeten leuchtende Farben und Blattgold. Kunstgeschichtlich betrachtet, ging hier der mexikanische Barock in den sogenannten *Indígena*-Barock über. 🏚 *L10*

🔟 CUETZALAN DEL PROGRESO

180 km nordöstlich von Puebla/ 3½ Std. mit dem Bus

Steile Kopfsteinpflastergassen, flankiert von niedrigen, weiß getünchten Häusern, und eine ungewöhnliche Mischung aus kolonialem Flair und indianischem Brauchtum: Umgeben von Kaffeeplantagen liegt das entspannte Bergdorf Cuetzalan, ein Zentrum der Nahua- und Totonakenindianer. Häufige Regenfälle schufen eine üppig grüne Umgebung, die im Kontrast steht zur gepflegten Atmosphäre der 1547 gegründeten Siedlung. Hier

kannst du in einer der süßen kleinen Pensionen unterkommen und mit einem einheimischen Guide losziehen, der dir erst so richtig die Augen öffnet für die Schönheit der Gegend. 🏚 *M9*

TAXCO

(🏚 K10) **Schon Alexander von Humboldt war von ⭐ Taxco begeistert. 1803 bezog der deutsche Gelehrte ein Haus in der Nähe des Zócalo.**

Die unter Denkmalschutz stehende Silberstadt (106 000 Ew.) 170 km südlich von Mexiko-Stadt liegt in 1660 m Höhe zu Füßen der El-Atache-Berge. An die 1000 Silberschmiede sollen in der Stadt registriert sein, dazu gibt es rund 250 Silberläden.

Die Kolonialstadt bietet ein romantisches Bild: Weiße, mit roten Ziegeln gedeckte Häuser, koloniale Paläste, Gassen mit Kopfsteinpflaster und historische Brunnen beschwören das 18. Jh. herauf, die Zeit, als José de la Borda eine reiche Silbermine entdeckte und als Dank die Kirche Santa Prisca erbauen ließ. *Dios da a Borda y Borda da a Dios* – „Gott gibt Borda und Borda gibt Gott" – hieß sein Wahlspruch.

SIGHTSEEING

ZÓCALO

Benannt ist Taxcos Hauptplatz nach dem reichen Gönner der Stadt: Plaza Borda. Sie ist umgeben von kolonialen Palästen, darunter die *Casa Borda,* die 1759 für Don José erbaut wurde und heute ein Kulturinstitut beherbergt.

SANTA-PRISCA-KIRCHE

Die rosafarbene Sandsteinbasilika – weithin sichtbar dank ihrer 48 m hohen Zwillingstürme – zählt zu den schönsten Barockkirchen Mexikos. Das Innere ist reich mit Gold verziert. *Plaza Borda*

MUSEO GUILLERMO SPRATLING

William Spratling, ein US-amerikanischer Professor, half dem Silberhandwerk in Taxco um 1930 wieder auf die Sprünge. Anregung, wenn du später etwas kaufen willst: Ketten und Armbänder nach präkolumbischen Vorbildern und Entwürfen von Spratling sind hier ebenso dekorativ in Szene gesetzt wie Silberschmuck aus den ersten Kollektionen. *Di–Sa 9–17, So 9–15 Uhr | Delgado 1/Plazuela Ruiz de Alarcón |* ⏱ *30 Min.*

ESSEN & TRINKEN

LA SUSHERÍA

In der Lobby des Hotels Agua Escondida genießt du hervorragende japanische Küche mit mexikanischem Touch in einem entspannten, modernen Ambiente. *Plaza Borda 4 | Tel. 76 26 22 13 96 | €€*

ACERTO

Die Bar und Lounge besitzt im ersten Stock eine große Restaurantterrasse, von der aus man einen tollen Panoramablick auf die Kathedrale hat. Spe-

zialität sind – neben mexikanischer Regionalküche – die köstlichen Pizzen, die knusprig-dünn aus dem Holzkohlebackofen kommen. *Plaza Borda 12 | Tel. 76 26 22 00 64 | €€*

DEL ANGEL INN

Das koloniale Haus neben der Kathedrale bietet von seiner Terrasse einen Adlerblick auf die hügelige Silhouette der Stadt. Die mexikanischen Gerichte, die man dir hier serviert, sind spitze, die Cocktails auch. *Múñoz 4 | Tel. 76 26 22 33 18 | delangelinn.com | €€*

SHOPPEN

Zwar sind die Preise für Silberwaren nicht viel niedriger als anderswo, die Auswahl aber ist riesig: Es gibt Ringe, Ohrringe und Ketten, Gürtel und Schnallen, häufig verziert mit Korallen und Türkisen. In der Avenida Plateros findet samstags ein großer Markt für Kunsthandwerk mit umfangreichem Angebot an Silberarbeiten statt.

MORELIA

(📖 J–K9) **Mexikos „goldenes Dreieck" bilden die Städte Puebla, Querétaro und Morelia.**

Unter Denkmalschutz steht die gesamte Altstadt Morelias (800 000 Ew.) mit ihren sorgfältig restaurierten Herrenhäusern samt arkadenumkränzten Patios, ihren mächtigen Kirchen und blumenbestandenen *plazas.* Typisch für die architektonische Gestaltung ist die Verwendung von rötlich schimmerndem Sandstein. Morelia ist die Hauptstadt des gebirgigen Bundesstaats Michoacán, einer an altindianischen Traditionen wie an landschaftlichen Schönheiten (Seen und Wälder) reichen Region.

SIGHTSEEING

PLAZA DE LOS MÁRTIRES

Der Hauptplatz der Stadt, umgeben von kolonialen Palästen, Arkadengängen und Lorbeerbäumen, sprüht vor Leben. Von hier aus erkundest du zu Fuß die Stadt; die Straßen gehen im Schachbrettmuster in alle Richtungen ab. Die in Ost-West-Richtung verlaufende Avenida Madero ist die Lebensader der Altstadt. Nahezu alle Sehenswürdigkeiten liegen in ihrer Nähe.

MUSEO REGIONAL MICHOACANO

In dem reich dekorierten Herrenhaus aus dem 18. Jh. befindet sich ein Museum zur Geschichte des Bundesstaats Michoacán mit präkolumbischen Exponaten sowie eine Kunstgalerie mit Kolonialmöbeln. *Di–So 9–16.30 Uhr | Allende 305/Abasolo |* ⏱ *30 Min.*

CATEDRAL

Ihre üppige Fassade erhielt Morelias 1640 errichtete Kathedrale erst im 18. Jh. Ihr Inneres gilt als ein Musterbeispiel für den Churriguerastil, wie die mexikanische Ausprägung des Barocks genannt wird. Besonders prächtig sind die großen Türen. *Zwischen Plaza de los Mártires und Plaza Ocampo*

PALACIO DE GOBIERNO

Der 1732 erbaute Palast mit einer auf den ersten Blick verwirrenden Anordnung von Treppenaufgängen, Patios

In der Santa-Prisca-Kirche der Silberstadt Taxco wurde auch an Gold nicht gespart

und Arkaden ist geschmückt mit zahlreichen *murales* des mexikanischen Künstlers Alfredo Zalce. *Mo–Sa 8–19 Uhr | Av. Madero Poniente 63/Juárez |* ⏱ *20 Min.*

MUSEO DE ARTE COLONIAL

Kolonialmöbel und mexikanische Kolonialkunst des 16.–18. Jhs. in einem alten Herrenhaus, dazu eine Ausstellung antiker Kreuze und Skulpturen aus dem für Morelia typischen rötlichen Stein. *Mo–Sa 9–19, So 10–18 Uhr | Juárez 240/Ruiz |* ⏱ *40 Min.*

CASA DE LA CULTURA

Im frühen 17. Jh. als Karmeliterkloster erbaut, gehört das Bauwerk zu den ältesten und beeindruckendsten der Stadt. Heute ist es ein Kulturzentrum mit Gemäldegalerie, Kunst- und Maskenausstellungen sowie 🐷 kostenlosen Veranstaltungen. *Mo–Sa 8–20, So 10–18 Uhr | Ex-Convento del Carmen | Av. Morelos Norte 485 | Facebook |* ⏱ *2 Std.*

MUSEO DEL ESTADO 🐷

In einem restaurierten Stadtpalast aus dem 18. Jh. sind archäologische Ausstellungen zur Kultur Michoacáns zu sehen. Gezeigt werden Schmuck, Figuren und Keramik, historische Trachten sowie Apothekeninterieur aus dem 19. Jh. *Mo–Sa 9–19, So 9–14 Uhr | Prieto 176 |* ⏱ *45 Min.*

ACUEDUCTO COLONIAL

Vom Bosque Cuauhtémoc verläuft über 1½ km der historische Aquädukt von 1785. Einst lieferte er den Bewohnern das Wasser aus den Bergen. Seine 230 bis zu 9 m hohen Bögen aus rosa schimmerndem Sandstein werden nach Sonnenuntergang angestrahlt.

ESSEN & TRINKEN

Charakteristisch für Morelia sind die vielen Patiorestaurants in ehrwürdigen Gebäuden.

FONDA LAS MERCEDES

Der Künstler und Küchenchef Sergio Álvarez tischt in seinem Domizil leckere mexikanische Gerichte auf – in einem Patio, der mit Masken, Säulen, Gemälden, Palmen und einer Pferdetränke die Phantasie beflügelt. Bestell unbedingt die *antojitos regionales,* das sind typische kleine Vorspeisen aus Michoacán. *Guzmán 47 | Tel. 44 33 12 61 13 | €€€*

INSIDER-TIPP
Darf es noch ein Häppchen mehr sein?

ONIX

In diesem Restaurant mit Blick auf die Kathedrale hast du die Gelegenheit, einmal exotische Speisen wie gefüllte Skorpione zu probieren. Mittwochs bis samstags Livemusik. *Av. Madero Poniente 261 | Tel. 44 33 12 62 03 | onix. mx | €€*

LA CASONA DE LAS ROSAS

Hier werden beste *Mezcal*-Cocktails und mexikanische Küche serviert, auch Spezialitäten aus Michoacán gibt es zu probieren. Man sitzt besonders stilvoll im Freien an einem Platz, auf dem keine Autos fahren dürfen und wo Künstler ihre Werke anbieten. *Tapia 331 | Tel. 44 33 17 88 22 | €€*

Wandgemälde machen das Treppenhaus in Morelias Palacio de Gobierno zur Galerie

LAS TROJES

Lebhaftes Familienrestaurant mit guter regionaler Küche und Grillspezialitäten. *La Loma | Bach 51 | Tel. 44 33 14 73 44 | €€*

SHOPPEN

Das Kunsthandwerk Michoacáns ist vielfältig: Von den *indígenas* stammen bunte Web- und Lackarbeiten, Korbflechtereien und Töpferwaren; breit ist auch das Angebot an Kupferwaren und Holzarbeiten.

INSTITUTO DEL ARTESANO MICHOACÁN

Das Franziskanerkloster aus dem 16. Jh. ist eine echte Fundgrube: Hier zeigt man eine großartige Verkaufsausstellung mit originellen und kreativen Produkten aus Michoacán. Im ersten Stock gibt es sogar ein kleines, exquisites Museum für Kunsthand-

werk aus dem Bundesstaat. *Mo–Fr 9–17.30, Sa 9–20 Uhr | Plaza Valladolid/Av. de Las Casas | iam.gob.mx*

RUND UM MORELIA

7 LAGO DE PÁTZCUARO

60 km westlich von Morelia/50 Min. mit dem Auto

Eingebettet in eine grüne Hügellandschaft und umgeben von Vulkanen, ist der Lago de Pátzcuaro einer der schönsten Seen des Landes. Nur noch für Fotografen posieren die Fischer mit ihren auffällig großen Schmetterlingsnetzen, die die 50-Peso-Banknote zieren. Für 100 Pesos bringt dich eine *lancha* auf die *Insel Janitzio*. Neben Souvenirshops und einfachen Restaurants erwartet dich dort auf der Spitze des Bergs die *Statue* von José María Morelos. In ihrem Inneren führt eine Treppe bis ganz nach oben und eröffnet einen wunderbaren Blick auf die Berglandschaft.

3 km vom See entfernt liegt die gleichnamige Kolonialstadt mit niedrigen, weiß getünchten Häusern. Viele beherbergen Hotels und Restaurants, Boutiquen und kleine Läden, denn ein Großteil der Bevölkerung (Purépecha, auch Tarasken genannt) lebt recht gut von der Herstellung und dem Verkauf von Kunsthandwerk. Besuch die *Plaza Vasco de Quiroga,* das Herz des Städtchens. Der Platz ist benannt nach einem spanischen Bischof, der sich im 16. Jh. für die Indianer einsetzte. Setz

INSIDER-TIPP
Logenplatz mit Getränk

dich in einem der Cafés auf einen der typischen *Equipales*-Sessel aus Leder und Holz und ordere einen frischen Granatapfelsaft. In einigen der prächtigen Paläste rundherum sind auch tolle Kunstgewerbeshops untergebracht. 🛏 *J9*

QUERÉTARO

(🛏 *K9*) **Das von der Unesco als Welterbe geschützte koloniale Querétaro ist die Hauptstadt des gleichnamigen Bundesstaats.**

In der 1865 m hoch gelegenen Stadt mit 800 000. Ew. erwarten dich eine friedliche Atmosphäre und ein andalusisch geprägtes Zentrum. Die Mischung von bunt gekalkten Häusern, blumengeschmückten *plazas,* schattigen Patios und Arkadengängen, kolo-

nialen Palästen und barocken Kirchen macht Querétaro unverwechselbar.

SIGHTSEEING

MUCAL

Die Wände des *Museo del Calendario* in einem restaurierten Patiohaus aus dem 17. Jh. schmücken nostalgische Kalenderbilder, die die Inhaberfamilie im Lauf der letzten Jahrzehnte produzierte. Tolle Reproduktionen gibts im kleinen Shop. Gönn dir zum Schluss im Café ein Tässchen und ein Stück vom köstlichen Schoko-Nuss-Kuchen – einen besseren gibt es so schnell nirgends! *Di–So 10–18 Uhr | Madero 91 | mucal.mx |* ⏱ *30 Min.*

INSIDER-TIPP
Schoko-Nuss macht den Kaffeegenuss

MUSEO REGIONAL

Stilvoller als in diesem Kloster mit Arkadengängen aus dem 15. Jh. kann man Ausgrabungsfunde, Dokumente und Erinnerungsstücke aus der Zeit der mexikanischen Unabhängigkeitsbewegung kaum in Szene setzen. Besonderer Schatz sind indianische Gebrauchsgegenstände und Bekleidungsstücke, die noch bis Ende des 20. Jhs. von den im Hochland lebenden Völkern selbst hergestellt und benutzt wurden. *Di–So 9–18 Uhr | Corregidora Sur 3/Jardín Zénea |* ⏱ *1½ Std.*

TEMPLO Y CONVENTO DE LA SANTA CRUZ

Die Klosteranlage aus dem 16. Jh. mit ihren sieben Innenhöfen gehört zu den ältesten kirchlichen Bauwerken Mexikos. Die Besichtigung erfolgt im

Rahmen einer Führung. In einem Teil der alten Klosteranlage ist nun das kleine, aber höchst interessante 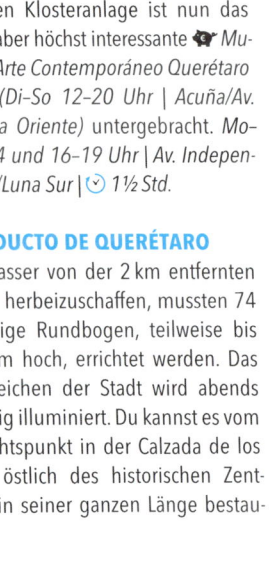 *Museo de Arte Contemporáneo Querétaro MACQ (Di–So 12–20 Uhr | Acuña/Av. Reforma Oriente)* untergebracht. *Mo–Sa 9–14 und 16–19 Uhr | Av. Independencia/Luna Sur |* ⏱ *1½ Std.*

ACUEDUCTO DE QUERÉTARO

Um Wasser von der 2 km entfernten Quelle herbeizuschaffen, mussten 74 gewaltige Rundbogen, teilweise bis zu 30 m hoch, errichtet werden. Das Wahrzeichen der Stadt wird abends prächtig illuminiert. Du kannst es vom Aussichtspunkt in der Calzada de los Arcos östlich des historischen Zentrums in seiner ganzen Länge bestaunen.

ESSEN & TRINKEN

HANK'S

Unter den Arkaden serviert man Cajun- und kreolische Gerichte in lässiger, internationaler Atmosphäre und zu gelegentlichen Livejazz-Klängen. Macht Laune: der sonntägliche Brunch mit *Crabmeat*-Omeletts inmitten netter Gäste aus aller Welt. *Juárez Sur 7/Plaza de la Constitución | Tel. 44 22 14 26 20 | hanksmexico.com | €€*

TIKUA SUR ESTE

Vom Frühstück im Oaxaca-Stil über yucatekische Spezialitäten bis zur *enchiladas*-Platte mit köstlicher *mole*-Sauce am Abend: Besser schmeckt es nirgendwo. Und als Digestif gönnt man sich einen *mezcal crème! Allende Sur 13 | Tel. 44 24 55 33 33 | tikua.mx | €€–€€€*

LAS DELICIOSAS GORDITAS DEL PORTAL

Gorditas, quesadillas oder eine *sopa con camarones:* Bestellt wird am Tresen, Bilder helfen bei der Auswahl. Schnell, authentisch und lecker. *Andador Libertad 8 | Tel. 01442 3 12 98 31 | €*

SHOPPEN

Von Donnerstag bis Montag werden in der Fußgängerzone des Zentrums *(Av. Corregidora/Andador Libertad)* täg-

■ Wer die Statue auf der Insel Janitzio erklimmt, genießt einen tollen Bergblick

lich Marktstände aufgebaut, an denen du allerlei Kunstgegenstände und Souvenirs erstehen kannst.

SAN MIGUEL DE ALLENDE

(□ K9) **Als wäre die Zeit stehen geblieben: Die engen, gepflasterten Gassen in ★ San Miguel de Allende werden von altspanischen Häusern im Patiostil gesäumt.**

Die auf 1900 m an einem Berghang gelegene Stadt (80 000 Ew.) gehört zum Unesco-Welterbe. Seit Jahrzehnten ist sie das lebhaft-stilvolle Ziel von begüterten Nordamerikanern, die die schönsten Häuser und Paläste kauften und aufwendig restaurierten bzw. hier Restaurants, Geschäfte und Hotels eröffneten. Die Entscheidung, in San Miguel zu investieren, wird leicht gemacht: Immobilienmakler, Architekturbüros und Galerien säumen die Stadt.

SIGHTSEEING

JARDÍN ALLENDE

Akkurat in Form geschnittene Lorbeerbäume prägen die hübsche Plaza, die flankiert ist von den schönsten Kolonialgebäuden des 17.Jhs. Luftballonverkäufer flanieren, es werden rosa Zuckerwatte und *churros* (frittiertes, mit Zimt und Zucker bestreutes Gebäck) verkauft. Nimm Platz auf einer der Sitzbänke der Plaza und lass dir die

INSIDER-TIPP
Einmal blank wienern, bitte!

Schuhe putzen: Das kostet fast nichts und hinterher sehen sie aus wie neu.

SAN-MIGUEL-KIRCHE (LA PARROQUIA)

Das Wahrzeichen der Stadt: Aus rosafarbenem Stein und mit üppig-skurrilen Formen wurde die Kirche aus dem 17.Jh. von einem indianischen Baumeister um 1890 umgebaut. Kurios: Als Inspiration diente ihm dabei eine Postkarte des Ulmer Münsters. *Jardín Allende*

MUSEO LA ESQUINA – MUSEO DEL JUGUETE POPULAR MEXICANO

Miniaturriesenräder und ein Zirkus mit Löwen, Tigern, Dompteuren, Seiltänzern und Clowns aus Blech: Selbst Erwachsene bekommen glänzende Augen bei dieser Spielzeugsammlung. Sicher, einiges ist sehr alt, doch der kleine Shop zeigt, dass in Mexiko auch heute noch phantasievolles Spielzeug von Hand hergestellt wird. *Di–Sa 10–17.30, So 11–16 Uhr | Núñez 40 | museolaesquina.org.mx | ⏱ 30 Min.*

CENTRO CULTURAL IGNACIO RAMÍREZ (EL NIGROMANTE)

Ein toller Ort, um inmitten des Klosters *Convento La Concepción* aus dem 18.Jh. die ausgestellten Bilder und die inspirierende Atmosphäre zu genießen: Das Kulturzentrum veranstaltet Konzerte, Ausstellungen und manches mehr. *Macías 75 | elnigromante.inba.gob.mx*

INSTITUTO ALLENDE

In der Casa de Solariega von 1734, einem ehemaligen spanischen Landsitz, ist heute die Kunstakademie zu Hause, die auch Sprach- und Sommerschulkurse anbietet. Schöne Gärten, ein Café und offene Werkstätten lohnen den Besuch. *Mo–Fr 9–18, Sa 9–13 Uhr | Ancha de San Antonio 22 | instituto-allende.edu.mx*

ESSEN & TRINKEN

LAVANDA CAFÉ
Die Anlaufstelle für alle Kaffeeliebhaber! Hier werden die besten Bohnen Mexikos verarbeitet. Die vor Ort gerösteten Kaffeebohnen gibt es auch abgepackt zum Mitnehmen, so sind morgendliche Kopfreisen nach San Miguel auch nach dem Urlaub garantiert. *Macías 87 | kein Tel. | lavandacafe.com | €€*

INSIDER-TIPP
Eine Tüte Begeisterung

LA POSADITA
Bei einer *margarita* mit Tamarindengeschmack und Traumblick vom Dachgarten auf die Kirchenspitzen kannst du die bereitgestellten *tacos* mit Dips kosten und dich auf das Essen freuen. *Cuna de Allende 13 | Tel. 41 51 54 88 62 | €€*

EL MANANTIAL
Seit 1920 zieht die älteste *cantina* der Stadt lokale Künstler und internatio-

Top in Form, die Buchsbaumkunst im Jardín Allende von San Miguel

Farbenfrohe Häuser und ein Gewirr von Treppen: das charmante Guanajuato

nale Besucher gleichermaßen an. Das Garnelen-*aguachile* (die mexikanische Variante des peruanischen Ceviche) ist phantastisch! *Barranca 78 | Tel. 41 51 10 00 07 | €–€€*

GUANAJUATO

(🗺 J8–9) **Inmitten eines Tals in über 2000 m Höhe gelegen, ist ⭐ Guanajuato eine der schönsten kolonialen Städte des Landes.**

Zur Atmosphäre der Universitätsstadt (195 000 Ew.) tragen kleine *plazas,* ein Gewirr aus engen Gassen und stei-

len Treppen sowie bunt gekalkte Fassaden bei. Durch ein trockengelegtes Flussbett wie durch ehemalige Minenschächte schlängeln sich unterirdische Straßen – überbaut oder durch die Felsen gesprengt. Musiker spielen am Pavillon des Zentralplatzes, des *Jardín de la Unión.* Drum herum liegen stimmungsvolle Frühstückscafés und Freiluftrestaurants.

Die Stadt ist eine Schatzkammer an Kirchen und Kolonialgebäuden, Überbleibsel des einstigen Reichtums: Die Spanier hatten hier mehrere große Silberminen entdeckt. An die Bergwerkstradition erinnern die auf vielen Plätzen als Pflanztröge aufgestellten Loren.

SIGHTSEEING

JARDÍN DE LA UNIÓN
Unter den Arkaden, Markisen und Lorbeerbäumen des zentralen Platzes spielt sich das öffentliche Leben von Guanajuato ab. Bis tief in die Nacht wird in den umliegenden Restaurants gegessen und gefeiert.

TEATRO JUÁREZ
Das pompöse, 1903 eröffnete Theater muss man gesehen haben: Dorische Säulen tragen das Dach, von dem die neun Musen blicken. Drinnen herrschen Gold, Stuck und Plüsch. *Di–So 10–18 Uhr | Sopeña (Südseite des Jardín de la Unión) | ⏱ 30 Min.*

EL PÍPILA
Einen Panoramablick auf die Stadt hast du von dem gewaltigen, rosafarbenen Denkmal für José Martínez, genannt El Pípila. Steig ein in die alte Standseilbahn *(funicular),* die hinter dem Teatro Juárez auf Schienen den steilen Berg erklimmt. Oben angekommen, genießt du die Aussicht und läufst anschließend über den Fußweg hinab. *Carretera Panorámica südl. der Stadt*

INSIDER-TIPP
Nach oben ruckeln

MUSEO ICONOGRÁFICO DE QUIJOTE
In Guanajuato lebt der spanische Dichter Miguel de Cervantes weiter. Die Stadt begeht jedes Jahr im Oktober das Cervantes-Festival mit Theateraufführungen, Jazz und klassischer Musik. Das Museum, ein tipptopp restauriertes Kolonialgebäude, zeigt nicht nur Erstausgaben, Bilder und Grafiken, sondern auch zahlreiche 🏛 Skulpturen von Cervantes' Ritter Don Quijote und seinem treuen Diener Sancho Panza – ideal um die Phantasie auch von Kindern anzuregen. Toll im altmexikanischen Stil gestylt ist die angeschlossene Espressobar. *Di–Sa 9.30–19, So 12–19 Uhr | Doblado 1 | museoiconografico.guanajuato.gob.mx | ⏱ 45 Min.*

UNIVERSIDAD
Über eine lange Treppe erreichst du das auffällige Universitätsgebäude. 1955 wurde es an der Stelle eines Jesuitenkollegs im maurischen Stil erbaut. Von hier oben hast du einen tollen Blick über die Altstadt. *Retana/Hospitales*

MUSEO CASA DIEGO RIVERA
Mischung aus historischem Altstadthaus und modernem Museum: Das Geburtshaus des großen Malers, ein Stadthaus im typischen Guanajuatostil, ist im ersten Stock noch so eingerichtet wie zu Zeiten von Rivera – und obendrein sind knapp 100 seiner Werke ausgestellt. *Di–So 10–16.30 Uhr | Positos 47 | ⏱ 1 Std.*

ALHÓNDIGA DE GRANADITAS
Das Gebäude, ein festungsartiger Getreidespeicher von enormer Größe, um den während des Unabhängigkeitskampfs eine bedeutende Schlacht tobte, wird auch „Mexikos Bastille" genannt. José Martínez, einem jungen indianischen Minenarbeiter, verdanken die Aufständischen ihren Sieg. Er setzte ein Tor der Alhóndiga, in die

sich die royalistische Armee zurückgezogen hatte, in Brand und ermöglichte so den Rebellen den Zugang. Es war nur ein vorläufiger Sieg, denn später nahmen die Spanier die Anführer gefangen und exekutierten sie. Ihre Köpfe wurden zehn Jahre lang an der Alhóndiga zur Schau gestellt. Heute dient das Bauwerk als Gedenkstätte und Regionalmuseum mit Dokumenten zum Unabhängigkeitskampf und zur Silbergewinnung. *Di–Sa 10–18, So 10–15 Uhr | 28 de Septiembre/Mendizábal 6 | ⏱ 30 Min.*

MUSEO DE LAS MOMIAS ⚑

Durch Glasscheiben starren dich 119 Mumien an: aufrecht stehend, in Gruppen versammelt oder im Glaskasten liegend und zum Teil noch mit ein paar Stofffetzen bekleidet. Die meisten stammen aus der Zeit der Wende zum 20. Jh. Vermutlich sorgten die mineralreiche Erde und die trockene Luft Guanajuatos für eine schnelle Mumifizierung der Leichen. *Tgl. 9.30–18 Uhr | Tepetapa (auf einem Hügel nordwestl. des Zentrums) | Cementerio Municipal, Explanada del Panteón | momiasdeguanajuato.gob. mx | ⏱ 30 Min.*

ESSEN & TRINKEN

STREET FOOD TOUR

In gut drei Stunden bekommst du Kopf und Magen mit der Geschichte und den Straßenküchengerichten der Stadt gefüllt. Die Tour (auf Englisch und Spanisch) muss mindestens einen Tag im Voraus gebucht werden. *2–8 Personen | mexicostreetfood.com*

NIGROMANTE ROOFTOP

Hervorragende Cocktails, gutes Essen und ein phantastischer Blick auf die Stadt in Wohlfühlatmosphäre. Dazu gibt es häufig Livemusik. Hier findest du den einzigen in Mexiko gebrannten Whisky *(Abasolo)* auf der Karte. Unbedingt probieren! *Positos 79 | Tel. 47 31 24 33 19 | €€*

INSIDER-TIPP **Feuerwasser aus Mais**

EL JARDÍN DE LOS MILAGROS

Eine alte Hacienda im noblen Viertel San Javier ist der Hotspot für Genießer: Hier gibt es sterneverdächtige Küche mit viel Gemüse und Obst. Alles, was Bricio Domínguez serviert, schmeckt nicht nur super, sondern ist auch superfrisch. Tipp: ein paar *abrebocas* („Mundöffner") als Vorspeise teilen! *Panorámica San Javier/Cata | Tel. 47 31 02 87 23 | €€€*

SHOPPEN

In Guanajuato bekommt man auf den Straßen und Plätzen günstig Aquarelle und Ölbilder. Oder du sprichst einen der vielen Künstler an und lässt dich für ein paar Pesos phantasievoll verfremdet oder in historischer Kleidung zeichnen. Schön ist auch der *Mercado Hidalgo (Av. Juárez)* in einem Jugendstilbau, wo man u. a. preiswertes Kunsthandwerk kaufen kann. In einem entzückenden Häuschen in der *Calle Positos 77* macht schon das Schauen Spaß: Bei *El Pinche Grabador* gibt es witzige und skurrile Drucke und Postkarten der mexikanischen Popkultur.

INSIDER-TIPP **Porträt im Mexiko-Outfit**

SAN LUIS POTOSÍ

(📖 K8) **Koloniale Herrenhäuser, Kopfsteinpflastergassen im Schachbrettmuster, von Lorbeerbäumen beschattete** *plazas:* **Im beschaulichen San Luis Potosí lässt es sich wunderbar leben und genießen.**
Da sich die Besucherströme auf die berühmteren Nachbarstädte konzentrieren, sind die Preise in der aus einer einstigen Huaxteken-Siedlung hervorgegangenen Universitätsstadt (850 000 Ew.) um einiges niedriger und werden Gäste regelrecht hofiert.

SIGHTSEEING

KATHEDRALE
Die östliche Seite der Plaza de Armas, des Hauptplatzes der Stadt, nimmt diese gewaltige barocke Kathedrale ein. Ihr Bau dauerte noch länger als der des Berliner Flughafens: Von 1573 bis 1813 war man am Werk, ergänzte, verwarf wieder, plante und konstruierte neu. Es hat sich gelohnt. Noch heute ist alles in hervorragendem Zustand. Wirf auf jeden Fall einen Blick ins Innere der Kirche und lass dich von der Atmosphäre beeindrucken. Mehrmals täglich finden Messen statt, dann ist alles erfüllt vom Gesang der vielen Gläubigen.

MUSEO NACIONAL DE LA MÁSCARA
Von den knapp 2000 Masken, die du hier zu sehen bekommst, ist jede ein-

Der Totenkult der Mexikaner ist nichts für Zartbesaitete: im Museo de las Momias

zelne ein Kunstwerk, hat einen besonderen Gesichtsausdruck. Nach dem Besuch weißt du, worauf du in den Läden achten musst, wenn du selbst eine Maske mit nach Hause nehmen möchtest. ☞ Dienstags ist der Eintritt frei. *Di–Sa 10–20, So 10–18 Uhr | Villerías 2 | museodelamascaraslp.org | ⏱ 45 Min.*

MUSEO LABERINTO 🎭
Wissenschaft, Kultur und Technik zum Anfassen und Mitgestalten für Groß und Klein bietet das moderne, vom mexikanischen Stararchitekten Ricardo Legorreta Vilchis gestaltete Museum am Rand des Parque Tangamanga I. Wechselnde Themennächte runden das hervorragende Angebot ab. *Di–Fr*

9–17, Sa/So 11–17 Uhr | Boulevard Antonio Rocha Cordero | museolaberinto. com | ⏱ *2 Std.*

oder eins der anderen tollen mexikanischen Gerichte warten muss. *Gama 646 | Tel. 44 48 11 46 03 | €€*

ESSEN & TRINKEN

EL ALMACEN DEL BIFE
Hier stehen erstklassiges Fleisch und erlesene Weine im Mittelpunkt. Richtig gut sind die Rib-Eye-Steaks! Als Dessert muss es dann der *volcán* aus Bitterschokolade und der Milchkaramellcreme *dulce de leche* sein. *Vista Hermosa 116 | Tel. 44 46 83 33 06 | €€*

EL MÉXICO DE FRIDA
Willkommen in Fridaland: In diesem Lokal taucht man ein in die farbenfrohe Welt der Kunstikone. Da ist es auch nicht schlimm, wenn man etwas länger auf *chile ventilla* (gefüllte Paprika)

SHOPPEN

CHOCOLATES COSTANZO
Seit 1935 stellt Costanzo beste Schokolade her. Von seinen diversen Läden in der Stadt ist dieser der schönste: Mitten im kolonialen Zentrum lässt Inhaber Luis Costanzo im alten Shop mit antiker Theke alle Arten von Süßigkeiten verkaufen. Unwiderstehlich sind die einzeln erhältlichen Pralinen, z. B. in den Sorten *coco y piña* (Kokos und Ananas) und *crema de cajeta* (Sahnekaramell). *Álvaro Obregón 215*

INSIDER-TIPP
Die süßeste Versuchung

Im Teleférico geht es in sieben Minuten auf den Gipfel. Und wer hat's gebaut? Schweizer!

ZACATECAS

(📖 J7) **Die legendäre alte Silberstätte Zacatecas in einem engen Talkessel, umgeben von trockener, zerklüfteter Landschaft, zählt zum Unesco-Weltkulturerbe.**

Wenn du im Zentrum der 140 000-Ew.-Stadt unterwegs bist, merkst du sofort, warum: Enge, gewundene Gassen und breite Treppen führen über Hügel, enden vor prächtigen Portalen und Kapellen. Unzählige kleine Kirchen im Barockstil warten an jeder zweiten Ecke der weißen Innenstadt – Opfergaben an den Gott des Silbers: Für jede Mine, die aufgemacht wurde, gab es eine neue Kirche. Reich ist die Stadt noch heute, weshalb die Häuser frisch getüncht, die Natursteinpaläste in makellosem Rosa strahlen. Dazwischen gibt es stylishe Hotels, trendige Cafés und tolle Restaurants zu entdecken.

SIGHTSEEING

MINA EL EDÉN

Diese Mine erzählt nicht nur die Geschichte sagenhaft reicher Silberbarone, berichtet wird auch über die versklavten *indígenas,* die hier schufteten, bis sie starben. Im Inneren des Cerro del Grillo machen Tourguides sowie starke Licht- und Soundeffekte die Gänge und Schächte lebendig. *Tgl. 10–18 Uhr | Dovalí Jaime | minaeleden. com.mx |* ⏱ *2 Std.*

TELEFÉRICO

Ein Muss: in einer der feuerroten Kabinen der von Schweizern gebauten Seilbahn über den Häusern in sieben Minuten zum Gipfel des *Cerro de la Bufa* hoch über der Stadt schweben. Besonders eindrucksvoll ist die hin und wieder angebotene Nachtfahrt. *Tgl. 10–18 Uhr | Estación de Grillo*

ESSEN & TRINKEN

RINCÓN TÍPICO

Wie zu Hause bei der mexikanischen Verwandtschaft isst und fühlt man sich in diesem kleinen, bunt dekorierten Lokal: regionale, stets leckere Küche! *Rayon 320 | Tel. 49 21 00 47 54 | €*

AUSGEHEN & FEIERN

LA MINA CLUB

Nichts für Klaustrophobiker: 320 m unter der Erde gibt es Techno und Disco in der historischen Mina El Edén. Der ungewöhnlichste Club der Stadt! *Bar Do/Fr 16–23, Club Sa 21–2 Uhr | Dovalí Jaime | minaeleden.com.mx*

GUADALA-JARA

(📖 H9) **Die geschäftige 5-Mio.-Ew.-Stadt, die zweitgrößte des Landes, ist die Wiege vieler mexikanischer Traditionen und besitzt ein reiches kulturelles Erbe.**

Von der zentralen *plaza* aus erreicht man gewaltige Paläste und reich verzierte Kirchen zu Fuß, dazwischen laden nette Cafés zur Pause ein. Große Teile des ⭐ *Zentrums* sind Fußgängerzone. Eine romantische Atmosphäre hält auf den zahlreichen *plazas* im Frühling Einzug, wenn die Jacarandabäume blühen und die Indischen Lorbeerbäume ihre Kronen über die Parkbänke breiten.

Mit der 2020 fertiggestellten, größtenteils oberirdisch verlaufenden *Metrolinie 3* lässt du den Stau unter dir und genießt stattdessen den Blick über die Dächer der Stadt. Die Linie verbindet die Zentren von Guadalajara, Zapopan und Tlaquepaque miteinander.

SIGHTSEEING

CATEDRAL

Das Herz der Stadt ist die Kathedrale aus dem 16. Jh. Ein Kuriosum wartet im Inneren: die mumifizierte Santa Inocencia in einem gläsernen Sarg, eine 300 Jahre alte, als heilig verehrte Kinderleiche. Kleine Shops halten ein Sammelsurium von gesegneten, typisch mexikanischen Devotionalien bereit. *Tgl. 9–18 Uhr | Alcalde/Hidalgo*

PLAZAS

Die Kathedrale ist umgeben von vier wunderschönen *plazas*. Auf der Seite des Portals befindet sich die *Plaza Guadalajara*, der Platz der Indischen Lorbeerbäume. Zwischen Kathedrale und Palacio de Gobierno liegt die *Plaza de Armas* mit einer viktorianischen Rundbühne. Auf der anderen Seite der Kirche stößt du auf die *Rotonda de los Jaliscienses Ilustres*, eine gepflegte Grünanlage mit lebensgroßen Bronzestatuen von Männern und Frauen, die sich um die Stadt verdient gemacht haben. Schließlich liegt hinter der

Kathedrale die *Plaza de la Liberación* mit kolonialen Brunnen und einem Standbild von Hidalgo. Dieser Platz zieht sich in östlicher Richtung als *Plaza Tapatía* bis zum Hospicio Cabañas und ist flankiert von prächtigen kolonialen Gebäuden – die 500 m lange Strecke ist Fußgängerzone und ideal zum Spazieren.

PALACIO DE GOBIERNO

Mit dem 1643 errichteten Gebäude sind zahlreiche historische Ereignisse verbunden. So gelang es 1858 dem mexikanischen Präsidenten Benito Juárez, sich hierher vor den französischen Truppen zu retten. Im Treppenaufgang des barocken Palasts befindet sich ein großformatiges Wandgemälde von José Clemente Orozco, in dem der Maler dem mutigen Kampf des Paters Hidalgo für die mexikanische Revolution ein Denkmal setzte. *Mo–Fr 9–17 Uhr | Av. Corona 31 (an der Plaza de Armas)*

TEATRO DEGOLLADO

In dem klassizistischen Gebäude, dessen goldüberladene Säle funkelnde Kristalllüster erhellen, kannst du Konzerte des Philharmonieorchesters von Jalisco und Mariachi-Galas erleben. *Besichtigung Di–Fr 13–15 Uhr | Degollado | ⏱ 30 Min.*

INSTITUTO CULTURAL CABAÑAS ⭐

Das wohl berühmteste Bauwerk Guadalajaras zählt zum Unesco-Welterbe und ist Museum und architektonisches Meisterwerk in einem. Im wunderschönen Ambiente des ehemali-

In die Kuppel des Instituto Cabañas malte Orozco seinen „Mensch in Flammen"

gen Waisenhauses von 1805 mit 23 (!) Innenhöfen sind die Werke des großen mexikanischen Malers und Muralisten José Clemente Orozco ausgestellt. Höhepunkt ist das weltbekannte Bild „Mensch in Flammen". Betrachte das Werk, das der Künstler in eine Kuppel gemalt hat, am besten liegend von einer der Bänke aus. Für kleine Besucher werden  spielerische Workshops angeboten. *Di–So 11–17 Uhr | Hospicio Cabañas 8 (am Ende der Plaza Tapatía) | 1½ Std.*

INSIDER-TIPP
In die Horizontale gehen

ESSEN & TRINKEN

SANTO COYOTE

Bunt, laut, mexikanisch: Auf der Karte stehen traditionsreiche Gerichte und Highlights der Region wie *birría,* ein feuriger Eintopf aus Lamm- oder Zie-genfleisch. Das Dekor, überwältigend kitschig-künstlich, ist einem Mayatempel nachempfunden. Es wird getanzt und inbrünstig gesungen, Folkloregruppen treten auf. *Lerdo de Tejarda 2379 | Tel. 33 36 16 58 64 | santo coyote.com.mx | €€*

CASA LUNA

Das prächtige Stadtpalais in Tlaquepaque offeriert mexikanische Spezialitäten und ideenreiche Cocktails in einer tollen Atmosphäre. *Independencia 211 | Tel. 33 15 92 20 61 | €€–€€€*

SHOPPEN

MERCADO LIBERTAD

Der Besuch dieses in einem modernen Gebäude untergebrachten Markts lohnt sich schon wegen der lebhaften Atmosphäre und der Vielfalt der Stände. Vor allem aber servieren im ersten

Stock zahlreiche kleine Restaurants die gesamte Palette der mexikanischen Volksküche. *Tgl. 8–20 Uhr | Rodríguez 52*

SPORT & SPASS

An über 300 Stationen überall in der Stadt bekommst du die Leihräder von *Mibici (mibici.net),* wenn du einen Kurzzeitpass für einen, drei oder sieben Tage kaufst. Ein Fahrrad bei dem Verkehr? Ja, denn jeden Sonntag zwischen 8 und 14 Uhr sperrt Guadalajara seine Hauptverkehrsstraßen!

RUND UM GUADALA-JARA

8 TEQUILA

65 km nordwestlich von Guadalajara/ 1½ Std. mit dem Auto

Schnurgerade Reihen von blau schimmernden Agaven ziehen sich über die Hochebene von Jalisco bis zum Horizont, dazwischen liegen Haciendas und Destillerien. Zentrum des Gebiets ist Tequila, eine nette Kleinstadt, in der Brennereien wie José Cuervo, Herradura und Sauza produzieren und in alle Welt exportieren.

Steuere am besten die *Quinta Sauza (tgl. 10–18 Uhr | Tour ab 230 Pesos | Navarro 69 | casasauza.com)* an: wegen des tollen kolonialen Ambiente und wegen der Palette an Touren, unter denen du ganz nach Geschmack wählen kannst – ob Tequila Tasting, ein Besuch der Unesco-geschützten Agavenplantagen bzw. der Keller oder eine Führung durch die Destillerie. Aber Vorsicht, so ein Tequila Tasting ist nicht ohne: Davor empfiehlt sich das phantastische Lunchbuffet auf der Hacienda mit einem gewaltigen Angebot an mexikanischen Spezialitäten. Als Aperitif gibt es natürlich Hochprozentiges.

INSIDER-TIPP Solide Grundlage

Oder du besteigst gleich in Guadalajara den *Tequila-Express (jeden zweiten Sa | 2600 Pesos | mundocuervo.com)* für eine tequilagetränkte Tagestour mit Besichtigung der La Rojeña-Destillerie aus dem Cuervo-Gruppe und Folklore und Bar im Zug. *H9*

9 MUSEO TROMPO MÁGICO

15 km nordwestlich von Guadalajara/ 25 Min. mit dem Auto

In dem großen Gebäude in Zapopan befinden sich diverse interaktive Bereiche für Kinder und Jugendliche. Die Kleineren schlüpfen in die Rollen verschiedener Berufe in Postamt, Supermarkt, Restaurant oder auf einer Baustelle. Die Größeren belegen z.B. einen Trommelkurs. Oder sie lernen, wie man einen Film produziert – dazu gehört etwa der Umgang mit der Kamera oder das Übertragen des Films auf den Computer. Zu den regelmäßigen Angeboten kommen weitere Aktivitäten und Programme, die auf der Website angekündigt werden. Viele Helfer geben Hinweise. *Mi–So 10–16 Uhr | Av. Central 750 | trompomagico. jalisco.gob.mx | 2 Std. | H9*

10 TLAQUEPAQUE & TONALÁ

15 km bis Tonalá östlich von Guadala-
jara/25 Min. mit Metro 3
Die Auswahl an Kunsthandwerksbe-
trieben und -geschäften in Mexikos
Künstlerzentrum *Tlaquepaque* ist rie-
sengroß. Eine autofreie Promenade
führt vorbei an den schönsten Läden
und Restaurants – oft gelegen in romantischen Patios – und vielen Werkstätten, die auch besucht werden können. Auch im ländlicheren Töpferort
Tonalá laden Dutzende Werkstätten
und Geschäfte zum Schauen und Kaufen ein. Am Sonntag und Donnerstag
ist Markt. ▢ *H9*

11 LAGO DE CHAPALA

50 km bis Chapala südlich von Gua-
dalajara/1¼ Std. mit dem Auto
Der Chapalasee ist Domizil Zigtausen-
der US-Amerikaner, die die günstigen
Preise und das angenehme Klima
schätzen. Zwei Dörfer am Nordufer sind
besonders schön: *Chapala* lockt mit
mexikanisch-amerikanischem Flair und
viktorianisch anmutenden Häusern
zwischen blühenden Bougainvilleen.
Ajijic ist ein entzückender Kolonialort
mit Kunstgewerbeläden und Boutiquen
mit Ethnomode in prächtigen Wohn-
häusern. Dazu locken tolle Cafés und
Restaurants. ▢ *H–J9*

„Nimm das, Agave!" Am Anfang der Tequilaproduktion steht knochenharte Feldarbeit

DIE WESTKÜSTE

BADEPARADIESE AM PAZIFIK

Nur wenn du aus den Bergen der Sierra Madre Occidental an die Westküste Mexikos kommst, erfährst du den ganzen Zauber dieser Region. Die Straße klettert über Pässe, überspannt gewagte Brückenkonstruktionen und wilde Schluchten.

Jahrhundertelang war die Pazifikküste nur von Fischern bewohnt und Revier von Seeräubern. Heute liegen hier bekannte Badeorte und stille Buchten, Lagunen bieten Lebensraum für seltene Wasservögel. Sieben Bundesstaaten umfasst das Gebiet und jeder verfügt über einen be-

Kreuzfahrtklassiker: Acapulco mit seiner Bucht voller Strandhotels

sonderen Charakter. Reich an präkolumbischen Stätten ist allein Oaxaca, doch altspanische Kolonialatmosphäre findest du noch recht häufig. Ob auf der Suche nach der perfekten Welle, tollem Partyleben oder der Hängematte im Boutiquehotel – die Westküste erfüllt locker jeden Wunsch. Besonders die wenig erschlossene Küste von Oaxaca zieht Budgettraveller an, die in kleinen Orten wie Zipolite und Mazunte oder im größeren Puerto Escondido günstig wohnen, tagsüber schwimmen, surfen, schnorcheln und sich abends in kleinen Strandrestaurants treffen.

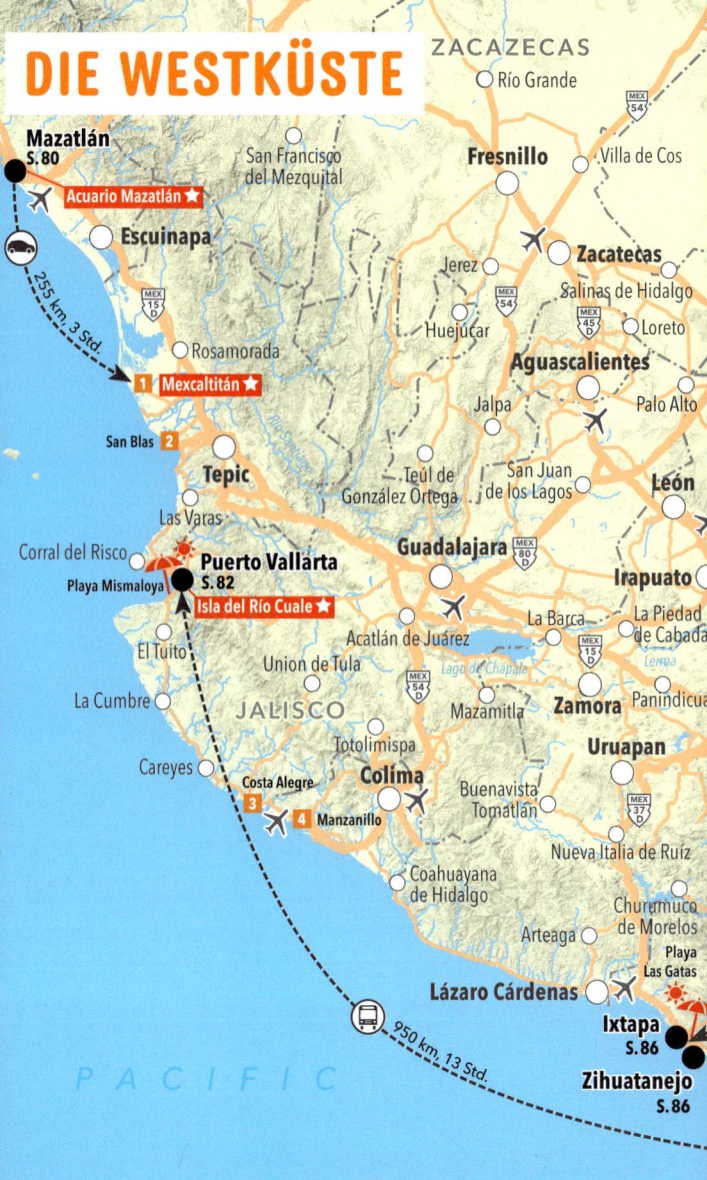

DIE WESTKÜSTE

ZACAZECAS

Río Grande

Mazatlán
S. 80

Acuario Mazatlán ★

Escuinapa

San Francisco
del Mezquital

Fresnillo

Villa de Cos

255 km, 3 Std.

MEX
15

Rosamorada

1 Mexcaltitán

San Blas **2**

Tepic

Las Varas

Corral del Risco

Puerto Vallarta
S. 82

Playa Mismaloya

Isla del Río Cuale ★

El Tuito

Union de Tula

Acatlán de Juárez

La Cumbre

JALISCO

Careyes

Totolimispa

Costa Alegre **3**

4 Manzanillo

Colima

Jerez

Huejúcar

Jalpa

Teúl de
González Ortega

San Juan
de los Lagos

San Juan
de los Lagos

Guadalajara

La Barca

MEX
54
D

MEX
15
D

Lago de Chapala

Mazamitla

Buenavista
Tomatlán

Zacatecas

Salinas de Hidalgo

MEX
45
D

Loreto

Aguascalientes

Palo Alto

León

Irapuato

La Piedad
de Cabada

Lerma

Zamora

Panindicua

Uruapan

MEX
37

Coahuayana
de Hidalgo

Arteaga

Nueva Italia de Ruíz

Churumuco
de Morelos

Playa
Las Gatas

950 km, 13 Std.

P A C I F I C

Lázaro Cárdenas

Ixtapa
S. 86

Zihuatanejo
S. 86

O C E A N

100 km
62.15 mi

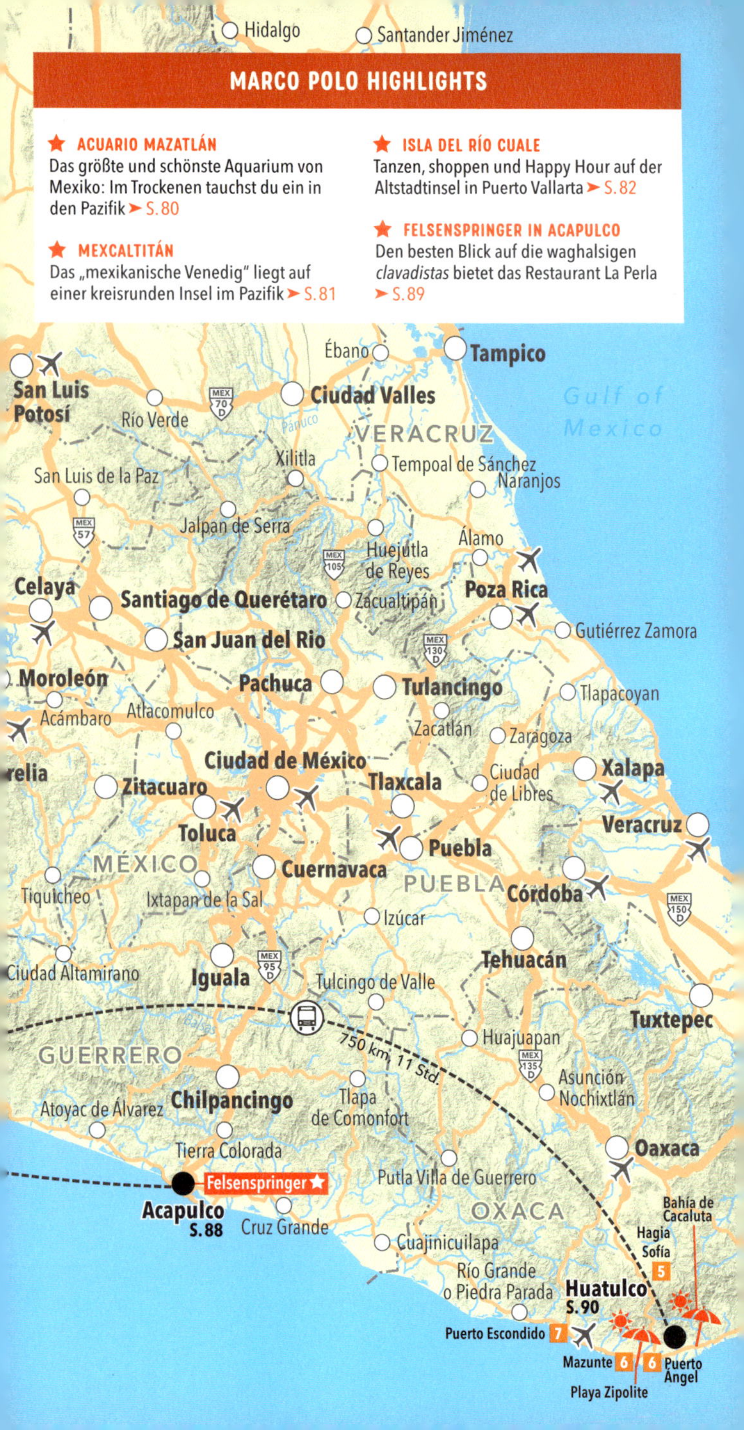

Hidalgo
Santander Jiménez

Ébano
Tampico

San Luis Potosí
Río Verde
Ciudad Valles

San Luis de la Paz

VERACRUZ

Xilitla
Tempoal de Sánchez
Naranjos

Jalpan de Serra
Álamo

MEX 57
Huejutla de Reyes

MEX 105

Celaya
Santiago de Querétaro
Zacualtipán
Poza Rica

San Juan del Rio
Gutiérrez Zamora

MEX 130

Moroleón
Pachuca
Tulancingo
Tlapacoyan

Acámbaro
Atlacomulco
Zacatlán
Zaragoza

Ciudad de México
Ciudad de Libres
Xalapa

...elia
Zitacuaro
Tlaxcala

Toluca
MEX 150
Veracruz

MÉXICO
Puebla
Córdoba

Tiquicheo
Ixtapan de la Sal
Cuernavaca
PUEBLA

Izúcar

Ciudad Altamirano
MEX 95
Iguala
Tulcingo de Valle
Tehuacán

🚌
Huajuapan
Tuxtepec

GUERRERO
750 km, 11 Std.
MEX 135

Asunción Nochixtlán

Chilpancingo
Tlapa de Comonfort

Atoyac de Álvarez
Oaxaca

Tierra Colorada
Putla Villa de Guerrero

● **Felsenspringer ★**
OAXACA
Bahía de Cacaluta

Acapulco
S. 88
Cruz Grande
Hagia Sofía 5

Cuajinicuilapa

Río Grande o Piedra Parada
Huatulco S. 90

Puerto Escondido 7
Mazunte 6 6 **Puerto Ángel**
Playa Zipolite

Gulf of Mexico

Von Mazatlán bis hinunter nach Huatulco sind es fast 2000 km. Erschlossen wird die Region von den gut ausgebauten Bundesstraßen MEX 15 und MEX 200 sowie einem Dutzend kleiner Inlandsflughäfen.

und dem Panamakanal, ist deutlich günstiger als andere Ziele an der Pazifikküste, selbst in der Zona Dorada gibt es günstige Strandhotels und genießt man Seafood zu unschlagbaren Preisen.

Meerjungfrau macht Morgenyoga?! Skulptur am Malecón in Mazatlán

MAZATLÁN

(🗺 F7) **Der seit Jahrzehnten bei mexikanischen Familien gefragte Badeort Mazatlán (445 000 Ew.) erlebt ein Comeback: Schließlich gibt es pastellfarbene Kolonialhäuser in der Altstadt, nostalgische Bars an der Uferpromenade, dem Malecón, und dazu kilometerlange, palmengesäumte Sandstrände.**
Auch nicht zu verachten: Mazatlán, größter Hafen zwischen San Diego

SIGHTSEEING

ACUARIO MAZATLÁN ★

Das größte Aquarium Mexikos vermittelt einen Eindruck von der faszinierenden Vielfalt der pazifischen Unterwasserwelt. Neben vielen Schaubecken, in denen auch Haie und Meeresschildkröten schwimmen und Tauchvorführungen stattfinden, zeigt das *Museo del Mar* Ausstellungen zum marinen Ökosystem. Es gibt auch einen Bereich für Seelöwen *(lobos marinos)* und einen botanischen Garten.

Tgl. 9–16 Uhr | Deportes 111 | acuario mazatlan.com | ⏱ *1½ Std.*

FARO MAZATLÁN

Im Süden der Stadt thront auf der Spitze der Insel El Crestón der alte Leuchtturm und bietet einen grandiosen Rundblick. Mutige wagen sich auf die Aussichtsplattform mit Glasboden. Steh früh auf und sei um 7 Uhr oben, dann sparst du dir viel Wartezeit und Sonnenbrand.

INSIDER-TIPP
Der frühe Vogel

ESSEN & TRINKEN

EL PRESIDIO COCINA DE MÉXICO

Anspruchsvolle Küche, zauberhafte Atmosphäre: Nimm Platz im Patio des antiken Palasts und genieß Ceviche und Tacospezialitäten bei Gitarren- und Marimbamusik. *Boulevard Niños Héroes 1511 | Tel. 66 92 23 10 21 | €€€*

LA CORRIENTE CEVICHERÍA NAIS

Meeresfrüchte aller Art direkt am Strand, dazu eine eiskalte *michelada* (Bier mit Limettensaft und Salz) und die Sonne, die ins Meer versinkt: Mehr braucht es nicht. *Av. del Mar (Malecón zwischen Flamingos und Hamm) | Tel. 66 99 10 10 40 | €€*

AUSGEHEN & FEIERN

PLAZA MACHADO

Wenn du dich nicht entscheiden kannst: Hier in der Altstadt warten nach Sonnenuntergang *Mariachi*-Kapellen neben tropisch gestylten Bars, tollen Restaurants und bunten Floh-

marktständen. Die mit Chili und Koriander gewürzten Gemüsesäfte der kleinen Stände sind wahre Vitaminbomben und schmecken besser als in jedem Restaurant!

INSIDER-TIPP
Avocado-Smoothie to go

RUND UM MAZATLÁN

1 MEXCALTITÁN ★

255 km südlich von Mazatlán/3¼ Std. mit dem Auto plus 20 Min. Bootsfahrt
„Venedig Mexikos" wird das Dorf auf einer kreisrunden Insel in einer Lagune südlich von Mazatlán genannt. Während der Regenzeit steigen die Bewohner zur Fortbewegung gelegentlich auf Kanus um, da sich dann die wenigen Straßen in Kanäle verwandeln. In den farbenfrohen Häusern auf stark erhöhten Fundamenten wird Kunsthandwerk angeboten, in einfachen Restaurants gibt es köstliche frische Langusten. Man erreicht die Insel vom Embarcadero La Batanga. Durch ein Gewirr von Mangroven gelangt man über schmale Wasserstraßen mit dem Boot zur Insel. 🕮 *G8*

2 SAN BLAS

285 km südlich von Mazatlán/3½ Std. mit dem Auto
Die dschungelartige Wasserlandschaft rund um das kleine Fischerstädtchen (11 000 Ew.) erforschst du am besten per Boot. Im Ort erinnern das spanische *Fuerte San Basilio* und das Zollhaus *(Aduana)* an die koloniale Ver-

gangenheit. San Blas zieht mit seiner lässigen Atmosphäre besonders im Winter Surfer und Backpacker aus aller Welt an. *visitsanblas.com* | ⌨ *G8*

PUERTO VALLARTA

(⌨ G9) **An der Bucht von Banderas erwarten dich mehr als zwei Dutzend goldfarbene Strände.**

Trotz der 2,5 Mio. Besucher pro Jahr ist die Atmosphäre in dem zu beiden Seiten des Río Cuale gelegenen ehemaligen Fischerort (300 000 Ew.) typisch mexikanisch geblieben: Gepflasterte Innenstadtgassen, rote Ziegeldächer und schmiedeeiserne Balkone bestimmen das Stadtbild. Gebaut wird dagegen im Norden und an der Küste. Highlife herrscht an den Stränden. Neben einem großen Wassersportangebot gibt es Ausritte in den Dschungel.

SIGHTSEEING

ISLA DEL RÍO CUALE ★

Die 5 ha große Insel lockt mit stylishen Cafés und Restaurants sowie ausgefallenen Kunstgewerbeläden. Sie ist von beiden Straßenbrücken über Treppen sowie über eine Fußgängerbrücke nahe der Mündung zu erreichen. Auf der parkartigen Insel führen teilweise schmale Wege durch Gärten mit dichter Vegetation, u.a. Palmen und Bambus, zu romantischen Plätzen. Die Wege sind gesäumt von Kunsthand-werksständen und Läden. Ein Standbild von John Huston erinnert an Puerto Vallartas Filmgeschichte. Es gibt keine Autos und keinen Lärm, nur ruhige und schattige Wege.

ESSEN & TRINKEN

PIPIS

Tolle Atmosphäre, bestes mexikanisches Essen und große Portionen ziehen seit 30 Jahren Gringos an. Starke *margaritas* und stimmungsvolle mexikanische Livemusik verführen zu üppigen *propinas* (Trinkgeldern). *Sánchez/Pipila | Tel. 32 22 23 27 67 | pipis.com.mx | €€*

CAFÉ DES ARTISTES

Nicht nur Instagrammer bekommen hier Lust, die märchenhaft dekorierten Desserts zu fotografieren. Das Caférestaurant im Kolonialstil serviert bestes französisch-mexikanisches Fusion-Food. *Sánchez 740 | Tel. 32 22 26 72 00 | cafedesartistes.com | €€€*

OYSTER GRILLE DE LA DOCENA

Direkt am Malecón bekommst du hier neben der Spezialität des Hauses, den Austern, auch vieles andere, was der Pazifik an Essbarem schenkt, alles fangfrisch und hervorragend zubereitet. *Paseo Díaz Ordaz 610 | Tel. 32 22 23 09 29 | €€–€€€*

KAISER MAXIMILIAN

Ob Kaiserschmarren oder Jakobsmuscheln in Cognacsauce: Das Restaurant mit österreichischen Schmankerln ist Kult bei vielen Langzeittouristen. Mit stilvoller Espressobar. *Olas Al-*

tas 380b | Tel. 32 22 23 07 60 | kaiser maximilian.com | €€

SHOPPEN

BANDERAS SOAPBLENDS

Klar, alle Produkte kannst du auch online bestellen, aber ein Besuch in dem kleinen Altstadtshop macht viel mehr Spaß. Welche Creme darf es sein? Die aus Biokokosöl oder lieber die mit dem verführerischen Mangoduft? Frag nach der aus Aprikosenkernen, Avocados und Rosenblättern angerührten *Sunkissed Face Cream* – die ist eine super After-Sun-Pflege. Badillo 326 | bande rassoapblends.com

INSIDER-TIPP
Nach dem Sonnenkuss

SPORT & SPASS

EXPERIENCE MEX-ECO TOURS

Mit diesem zuverlässigen und kompetenten Ökotourismus-Anbieter kannst du Tagesausflüge zu den Stränden der nahen Costa Alegre machen, Reitausflüge zu Kaffeeplantagen der Umgebung unternehmen oder eine Forschungsstation für Meeresschildkröten besuchen. *Tel. 32 92 98 12 32 | mex-ecotours.com*

STRÄNDE

Zu den schönsten Stränden in und bei Puerto Vallarta gehört die 10 km südlich gelegene *Playa Mismaloya.* Die Beach Bars unter Palmen am gol-

Typisch mexikanisches Flair herrscht im einstigen Fischerort Puerto Vallarta am Río Cuale

denen Sandstrand sind ideal, um einen Drink zu schlürfen.

Auch schön: das per Boot ab Marina Vallarta im Norden oder Muelle Los Muertos im Süden der Stadt erreichbare *Yelapa* mit palmblattgedeckten Strandrestaurants und tropisch anmutender Vegetation. In dieser südlichsten Bucht der Bahía Banderas legt das Boot am Playita Pier oder am halbmondförmigen Strand an. Die Zeit lässt sich genüsslich mit Schwimmen, Schnorcheln oder Fallschirmgleiten verbringen. Vom Strand führt ein 20- bis 30-minütiger Fußweg ins Dorf. Auch Pferde stehen zur Verfügung und du kannst einen begleiteten Ausritt unternehmen. Bitte darum, dass ihr dabei an dem in der Nähe gelegenen, 30 m hohen Wasserfall vorbeikommt und dort eine Pause eingelegt wird. Badesachen einpacken! *yelapa.info*

INSIDER-TIPP
Badestopp am Wasserfall

AUSGEHEN & FEIERN

Der Badeort ist eine Partyhochburg: Obligatorisch ist die tägliche *hora feliz,* die Happy Hour, die in Puerto Vallarta praktischerweise gleich mehrere Stunden dauert. Man trifft sich dazu in den Cafés und Clubs an der Uferpromenade, dem Malecón.

BAR MORELOS MEZCALERÍA

Die hippe Bar ist die richtige Adresse für dich, wenn du auf cooles Loungedesign stehst und einen stilvollen Ort zum Feiern suchst. Unter den vielen *Mezcal*- und Tequilasorten gibt es auch echte Raritäten. *Morelos 589*

LA BODEGUITA DEL MEDIO

Ableger der kubanischen Kultkneipe, die durch Ernest Hemingway berühmt wurde. Der orderte dort stets seinen Lieblingsdrink Mojito. Den mit Mineralwasser aufgegossenen Drink mit viel Rum, Limette und Minze serviert man dir hier auch, ebenso gute Tequilacocktails, alles untermalt von Livemusik. Kurz nach Mitternacht tanzen die Ersten auf den Tischen. *Paseo Díaz Ordaz 858 | labodeguitadelmedio. com.mx*

RUND UM PUERTO VALLARTA

3 COSTA ALEGRE

230 km bis Barra de Navidad südlich von Puerto Vallarta/3¾ Std. mit dem Auto

Die Küstenstraße MEX 200 führt durch Palmenhaine und kleine Fischerdörfer südwärts, vorbei an Ferienclubs und versteckt gelegenen Hotels. Unzählige Inseln ragen aus dem glitzernden Meer. Die knapp 80 km lange Costa Alegre zwischen Chamela und Barra de Navidad ist eine der exklusivsten Urlaubsregionen der Westküste. Sie punktet mit abgelegenen Traumstränden und tollen Boutiquehotels.

Versteckte Lagunen bieten Lebensraum für Wasservögel und Säugetiere. „Küste der Schildkröten", *Costa Careyes,* nannten die Indianer den südlichen Küstenabschnitt. Seit Jahrzehnten sind

Mal richtig fies sein? Verschick ein Strandselfie von der Bahía Banderas!

seine Buchten Ziel des internationalen Jetsets. Die Regierung von Jalisco ernannte diesen Streifen zur „ökologischen Küstenregion" und stellte damit die Weichen für ungetrübtes Urlaubsglück.

Die beiden Dörfer *San Patricio Melaque* und *Barra de Navidad* liegen auf einer Sandbank zwischen dem Meer und einer Lagune (hervorragende Surfbedingungen) und sind der Geheimtipp einer jungen, internationalen Bohemeszene. Das Leben spielt sich in den palmblattgedeckten Hotels und Restaurants ab. *G9–10*

4 MANZANILLO

280 km südlich von Puerto Vallarta/ 4½ Std. mit dem Auto

Landschaftlich ein Traum ist die Fahrt von Puerto Vallarta entlang der Costa Alegre und der Costa Careyes nach Manzanillo (192 000 Ew.). Hafenatmosphäre prägt die von goldenen Sandstränden umgebene Stadt. Als einer der bedeutendsten Überseehäfen des Landes setzt Manzanillo hauptsächlich auf Einnahmen aus Industrie und Gewerbe. Hier mischt sich also authentischer Alltag mit Tourismus. Eine besonders schöne Aussicht hast du zum Sonnenuntergang von der Terrasse der Bar *Casa Luna (Av. de los Riscos 2)* aus. *H10*

IXTAPA & ZIHUATANEJO

(*J11*) **Immer werden die beiden Orte (90 000 Ew.) zusammen genannt, dabei leben sie gerade von**

Pflichtstopp im Museum? Geschenkt! In Zihuatanejo lockt allein das süße Strandleben

ihren Gegensätzen. Wem Acapulco zu groß und mondän, Puerto Escondido dagegen zu provinziell ist, der kommt hierher – und genießt beides.

Ixtapa ist ein auf dem Reißbrett geplanter, recht edler Badeort. Hier reihen sich die Resorthotels entlang dem breiten Sandstrand, versteckt zwischen üppigen Parks und Gärten. Golfplätze, Tennisanlagen, Boutiquen und gute Restaurants prägen den Ort. Anders das 7 km entfernte *Zihuatanejo,* ein bald 500 Jahre alter Fischerort, einst von dem westmexikanischen Indianervolk der Purépecha besiedelt. Treffpunkt der Ortschaft ist die *Paseo del Pescador* genannte Promenade am Hafen, besonders attraktiv in der Dämmerung, wenn Einheimische und Touristen die Schönheit der Bucht bei einem Spaziergang vor dem Abendessen genießen.

Mangels klassischer Sehenswürdigkeiten macht man in Ixtapa Hotelhopping: Entlang der weißen Playa El Palmar liegen die Hotels und da in Mexiko alle Strände öffentlich sind, schlendert man am Wasser von Adresse zu Adresse, vergleicht Foyers und Pools der Anlagen, nimmt hier einen *café de olla,* da eine Piña colada – ab 16 Uhr ist Happy Hour.

SIGHTSEEING

MARINA IXTAPA

Die Marina ist ein Mikrokosmos schicker Bars und Designerboutiquen zwischen Kanälen, Booten und Yachten. Das Vorzeigeprojekt der Westküste verfügt auch über einen 18-Loch-Platz, entworfen von Golfpapst Robert Trent Jones, der allerdings in einem desolaten Zustand ist.

ESSEN & TRINKEN

COCONUTS
Das älteste Haus der Stadt bietet seinen Gästen gute mexikanische Küche mit vielen Fischspezialitäten. Ab 18 Uhr wird im Garten Livemusik gespielt. *Zihuatanejo | Pasaje Ramírez 1 | 75 55 54 25 18 | coconutszih.com | €€€*

LA SIRENA GORDA
Der morgendliche Fang bestimmt das Angebot der rustikalen Fischerbar. Spezialität sind auf dem Holzkohlegrill zubereitete Fische. *Zihuatanejo | Paseo del Pescador 90 (beim Pier) | Tel. 75 55 54 26 87 | €€*

SHOPPEN
In Ixtapa schätzt man Shoppingcenter nach US-amerikanischem Vorbild mit insgesamt mehr als 400 Boutiquen, darunter auch solche mit exquisitem mexikanischem Kunsthandwerk. In Zihuatanejo konzentriert sich das Angebot auf der Promenade *(Paseo del Pescador)* und in den umliegenden Straßen. Einen *mercado de artesanías* findest du in der *Calle 5 de Mayo.*

SPORT & SPASS

GOLF
Der *Campo de Golf Ixtapa* gilt als einer der schönsten der Küste. Der Kurs verläuft durch Lagunen und begrünte Hügel bis zum Sandstrand der Playa El Palmar. Ungewöhnlich ist das angeschlossene Wildreservat, in dem schon mal Alligatoren gesichtet werden. Zum Clubhaus gehören Tennis-plätze, Pool und ein Restaurant. *Greenfees um 120 US-$*

WASSERSPORT
Unterwassersichtweiten von bis zu 20 m und fast drei Dutzend abwechslungsreiche Tauchplätze, darunter ein gesunkenes Schiff, machen die Gegend zu einem beliebten Tauchrevier. Zahlreiche Geschäfte und die großen Hotels in Ixtapa verleihen das entsprechende Gerät und bieten Kurse an.

STRÄNDE
Ixtapas größtes Plus sind seine breiten, sauberen Sandstrände. Wenn dir die *Playa El Palmar* an der Hotelzone zu betriebsam ist, kannst du auf die von Felsen eingerahmte *Playa Hermosa* im Süden ausweichen. In Zihuatanejo wartet die *Playa La Ropa* mit preiswerten Wassersportangeboten und mehreren Strandrestaurants. Am südlichen Ende der Bucht von Zihuatanejo locken an der *Playa Las Gatas* weißer Korallensand, der Ausblick auf die Berge und beste Schnorchelbedingungen. Dank vorgelagertem Riff ist das Meer hier ruhig. Für ein paar US-Dollar fahren Boote hinaus *(ab Embarcadero Municipal Zihuatanejo).*

Von der Playa Quieta nördlich der Hotelzone, der Playa Linda oder dem Bootsanleger *(muelle)* von Zihuatanejo starten Boote zur kleinen, bewaldeten *Isla Ixtapa,* die von Leguanen und Rehwild bewohnt wird. Vier Strände laden zum Sonnenbaden ein; in romantischen Strandrestaurants werden exotische Drinks serviert. Beste Schnorchelbedingungen bietet die *Playa Coral.*

AUSGEHEN & FEIERN

Bereits vor Sonnenuntergang füllen sich die Bars und Cafés. Wer sich etwas Besonderes gönnen will, bucht eine Sunset Yacht Cruise auf einem romantisch beleuchteten Katamaran.

ACAPULCO

(*K11*) **Hoteltürme, Restaurants und Clubs säumen die glitzernde**

Wie damals in der Duschgelwerbung: Ein Quebradaspringer stürzt sich in die Tiefe

WOHIN ZUERST?

Zócalo: Der Platz in der Altstadt ist der beste Ausgangspunkt für eine Besichtigung, denn die wenigen Sehenswürdigkeiten Acapulcos liegen weit verstreut. Du kommst mit den Bussen „Costera" und „Zócalo" hierher. Vom Zócalo gelangst du über die Avenida Miguel Alemán am Hafen und die Calle Hornitos zum San-Diego-Fort mit seinem historischen Museum. Auch Quebrada mit seinen Felsenspringern lässt sich noch zu Fuß erreichen, für andere Ziele braucht man ein Taxi oder nimmt den Bus, der entlang der Bucht fährt.

Bucht, millionenschwere, traumhafte Villen liegen am Hügel von Las Brisas, Kreuzfahrtschiffe im alten Hafen, während Straßenhändler und *mariachis* den Zócalo prägen.
Und nicht zu vergessen: die kilometerlangen Sandstrände, die Acapulco (660 000 Ew.) ab den 1940er-Jahren zum Seebad und Tummelplatz wohlhabender US-Amerikaner machten – in den 50er- und 60er-Jahren war die Stadt ein Zentrum des internationalen Jetsets. Die ausschweifenden Partys dieser Zeit sind legendär und bewirken, dass beim Namen Acapulco noch immer Glanz und Glamour mitschwingen.
Mittlerweile ist der einstige Hotspot etwas in die Jahre gekommen und wegen vermehrter Drogenkämpfe im Bundesstaat Guerrero blieben lange die Besucher weg. In den letzten Jah-

ren hat sich die Sicherheitslage jedoch gebessert und es eröffnen wieder neue Hotels und Restaurants. Nur 10 km vom Flughafen entfernt ist an der Punta Diamante zudem ein modernes und luxuriöses Tourismus- und Geschäftszentrum entstanden.

SIGHTSEEING

FELSENSPRINGER ★

Die *clavadistas,* die sich spektakulär vom 42 m hohen Quebradafelsen am westlichen Rand der Altstadt kopfüber in eine enge Meeresbucht stürzen und auf unzähligen Acapulcoplakaten zu sehen sind, kannst du täglich live erleben. Die beste Sicht auf die mit Flutlicht erhellte Szenerie eröffnet sich von den Terrassen des Restaurants *La Perla (im Hotel Mirador | Tel. 74 44 83 11 55 | €€–€€€).* Das Essen ist zwar nur durchschnittlich, das Erlebnis dafür erste Klasse. Viele Hollywoodstars und VIPs haben hier früher diniert. *Tgl. 13, 19.30, 20.30, 21.30 und 22.30 Uhr*

FUERTE DE SAN DIEGO

Meterdicke Bastionen kennzeichnen das im 18. Jh. erbaute Fort, das Acapulco vor Piratenangriffen schützte. Heute fesselt es als historisches Museum: Es erweckt die Kolonialzeit zum Leben, als Acapulcos Hafen (fast) der Nabel der Welt war. Eine bessere Aussicht aufs Meer genießt du an kaum einem anderen Ort, also besorg unterwegs Käse, Brot, Oliven und Getränke und such dir ein schattiges Plätzchen unter Palmen!

INSIDER-TIPP Picknick mit Traumblick

Di-So 9–18 Uhr | Hornitos ab Costera M. Alemán | ⏱ 2 Std.

ESSEN & TRINKEN

EL NONO

Zur Happy-Hour-Zeit am späten Nachmittag herrscht viel Trubel. Abends gibt es in dem Strandrestaurant frischen Fisch. *Costera M. Alemán 179 (beim Parque Papagayo) | Tel. 74 44 85 16 72 | €€*

FISHER'S

Wie der Name verspricht, dreht sich hier alles um Seafood. Ob Lachscarpaccio oder gegrillter Oktopus: Das Essen ist phantastisch, genauso der Service. Dazu eine *margarita* und der Tag gehört dir! *Costera M. Alemán 1926 | Tel. 74 44 84 91 40 | fishers.com. mx | €€–€€€*

ZIBU

Trau dich: Das thailändisch-mexikanische Fusion-Food schmeckt umwerfend – das Lokal gehört zu Acapulcos Topadressen. Dazu die tropisch-romantische Atmosphäre hoch über der Bahía de Puerto Marqués. Auf der kleinen, wechselnden Karte stehen köstliche Desserts. *Avenida Escénica | Fraccionamiento Glomar | Tel. 74 44 49 62 02 | zibu.mx | €€€*

IKA TAKO

Phantastische Garnelen-*tacos* oder Vegetarisches, alles serviert mit acht (!) leckeren Saucen, von Erdnuss bis Mango. *Boulevard de las Naciones 37/ Plaza La Joya | Punta Diamante | Tel. 74 46 88 48 86 | €€*

SHOPPEN

Einkaufen macht in Acapulco nicht viel Spaß. Hunderte von Souvenirläden und Boutiquen reihen sich an der 14 km langen Costera M. Alemán aneinander und an den Strandzugängen stehen die fliegenden Händler. Handgefertigte Souvenirs findest du auf dem *Kunsthandwerksmarkt (Costera M. Alemán 4834)* direkt neben der Casa de la Cultura.

STRÄNDE

Die von Einheimischen bevorzugte *Playa Caleta* im äußersten Westen der Bucht hat nette und günstige *Palapa*-Cafés. Mehrmals stündlich starten Bootstouren zur gegenüberliegenden *Isla Roqueta* – ideal zum Schnorcheln. *Playa Hornos* in der Mitte der Bucht, gegenüber dem Parque Papagayo, ist der klassische Nachmittagstreff. Am längsten Sonne hat man an der ganz im Osten der Acapulco Bay gelegenen *Playa Icacos.* Exklusiv ist die Atmosphäre an der *Playa Revolcadero* etwa 20 km südlich der Innenstadt bei Punta Diamante.

INSIDER-TIPP
Tequila Sunrise & Co. für die Hälfte

Frag in den Strandbars zur täglichen Happy-Hour nach dem Cocktail des Tages.

AUSGEHEN & FEIERN

Beim Ausgehen nach Sonnenuntergang sollte man in Acapulco erhöhte Vorsicht walten lassen und nur Taxis von offiziellen Taxiständen benutzen bzw. telefonisch bestellen. Generell ist es im Zentrum unsicherer als in den Bars und Clubs des exklusiven Tourismus- und Geschäftszentrums der Punta Diamante, das von staatlichen und privaten Sicherheitskräften besonders gesichert wird.

HUATULCO

(▨ M–N12) **„Das wiedergefundene Paradies" heißt der Slogan des mexikanischen Fremdenverkehrsbüros für die neun Buchten, die zusammen die Bahías de Huatulco bilden.** Noch gehören die Buchten zu den abgeschiedeneren der großen mexikanischen Urlaubsziele. Am weitesten

fortgeschritten ist die touristische Infrastruktur in der Tangolundabucht. Neben Luxus- und Mittelklassehotels, Boutiquen und Fischrestaurants gibt es einen Golfplatz und einen Bootshafen. Zur Versorgung des Komplexes entwickelte man 2 km vom Strand die Ortschaft *La Crucesita* (20 000 Ew.) im mexikanischen Stil. Hier befinden sich preiswerte Restaurants; den Transport zu den Stränden besorgen Taxis. Das alte Dorf *Santa Cruz* an der gleichnamigen Bucht zieht zunehmend Yoga- und Wellnessurlauber an.

SIGHTSEEING

BAHÍA DE CHACHACUAL

Eine als Naturschutzgebiet ausgewiesene Bucht an der Mündung eines Flusses: Ein Weg führt durch den Küstenwald, in dem Baumriesen in den Himmel ragen. In einer kleinen Siedlung leben schwarze Familien, Nachfahren jener Sklaven, die die Spanier ins Land brachten.

ESSEN & TRINKEN

DOÑA CELIA

Das Fischrestaurant serviert die besten Langusten- und Hummerspezialitäten. *Playa Colonia | Bahía de Santa Cruz | Tel. 95 85 83 48 76 | restaurant donacelia.com | €€€*

LOS PORTALES

Das Los Portales hat seine Tische an der Plaza Principal im Freien. Es ist schon zum Frühstück geöffnet, außer-

Tourismusmaschine Acapulco: Skyline am östlichen Ende der Bahía de Acapulco dem gibts Mexikanisches, z. B. hausgemachte *tacos* mit Fisch und Schalentieren. *Bugambilias 603 (Plaza Principal de La Crucesita) | Tel. 95 85 87 00 70 | losportaleshuatulco.com | €€*

STRÄNDE

Strandhopping macht Spaß in Huatulco, da die *playas* sehr unterschiedlich sind. Wassersportler bevorzugen die Buchten *El Órgano* und *Maguey*. Einsamkeit und Romantik gesucht? Dann lass dich mit dem Boot in der ⛱ *Bahía de Cacaluta* absetzen und verbring den Tag unter Palmen am Strand der einsamen, herzförmigen Traumbucht.

RUND UM HUATULCO

5 HAGIA SOFÍA

35 km nordwestlich von Huatulco/ 45 Min. mit dem Auto
Handtellergroße Schmetterlinge, exotische Blumen und eine Bioobstplantage: Auf verschiedenen Wegen und einem Lehrpfad lernt man den nordwestlich von Huatulco bei *Apanguito* in einer Flussschleife gelegenen Ökobetrieb in den Bergen kennen. Unter dem Wasserfall des Río Magdalena kannst du kurz abtauchen – eine herrliche Erfrischung! *Tel. 95 85 87 08 71 | 65 US-$ inkl. Transfer vom/zum Hotel, Früh-

INSIDER-TIPP
Pack die Badehose ein!

stück und Lunch | hagiasofia.mx | ⌘ M12*

6 PUERTO ÁNGEL & MAZUNTE

55 km bis Puerto Ángel westlich von Huatulco/1 Std. mit dem Auto
Puerto Ángel (3500 Ew.) ist ein Treff junger Rucksackreisender aus Nordamerika und Europa. Kleine Pensionen liegen an der Uferstraße. Beliebt sind die einfachen Hütten *(cabañas)* und Hängemattenpensionen (Gärten, in denen in Hängematten geschlafen wird) des 4 km entfernten ⛱ *Playa Zipolite,* eines Traumstrands mit feinem weißem Sand und glasklarem Wasser. Edles Beachclub-Flair in palmblattgedeckten *palapas* verströmt dort die Restaurantbar des *El Alquimista (Tel. 95 85 87 89 61 | el-alquimista.com | €€):* mit einer *piña colada* in den weichen Kissen der riesigen Bambussofas versinken – herrlich!
Von Puerto Ángel aus lohnt ein Besuch im gut 10 km westlich gelegenen *Mazunte,* einem Fischerort, der mit Schutzmaßnahmen für Meeresschildkröten begonnen hat. Großartig ist das *Centro Mexicano de la Tortuga (Mi–Sa 10–16.30, So 10–14.30 Uhr | tortugasmazunte.org, tomzap.com/turtle.html | ⌚ 1 Std.),* ein engagiert geführtes Zentrum für Schildkrötenforschung mit Aufzuchtstation. In gewaltigen Becken tummeln sich diverse Arten zum Teil meterlanger Meeresschildkröten. Besucherlieblinge sind die eher kleinen *olive ridley sea turtles* (Bastardschildkröten) mit ihrem auffälligen Muster auf den Flossen und dem Kopf. Mazunte hat sich zu einem Zentrum für nachhaltigen Tourismus entwickelt

und zieht viele Althippies und Yoga-fans an. Besonders die Yoga- und Meditationslehrer von *Hridaya Yoga (Carretera 175 | Tel. 95 81 00 89 58 | hridaya-yoga.com)* sind Meister ihres Fachs – eine tolle Adresse, ob für den einstündigen Kurs oder das Monatsretreat. *M12*

7 PUERTO ESCONDIDO

115 km westlich von Huatulco/
2¼ Std. mit dem Auto

Lässige Surfkultur rund um die Bahía Principal ist das hervorstechende Merkmal des „versteckten Hafens" (45 000 Ew.). Auf dem internationalen Flughafen landen Start-up-Unternehmer, die den Laptop für ein paar Tage gegen ein Surfbrett eintauschen. Palmblattgedeckte (Luxus-)Hütten wie einfache Backpackerzimmer mit Topwellen rund ums Jahr begeistern eine eingeschworene Surfergemeinde. Die Atmosphäre ist lässig, das Publikum jünger, das Preisniveau recht niedrig.

INSIDER-TIPP
Starthilfe ins Leben

Bei Sonnenuntergang frisch geschlüpfte Babyschildkröten ins Meer setzen kannst du am nahen *Palmarito Beach* auf einem überall in Puerto Escondido buchbaren Ausflug.

Entlang der Bucht zieht sich die Avenida Pérez Gasga, die Promenade des Orts, flankiert von Strandhotels und -restaurants, Geschäften für Batikhemden und indische Amulette. Zwischen Straße und Meer beschatten Palmen den Strand. Verkäufer bieten ihre Hängematten feil, Cafés frische Säfte. *M12*

Runter vom Handtuch und ab aufs Brett! Puerto Escondido ist ein Surfspot

DER NORDEN

Mit dem Geländewagen geht es durch die Wüste und die Eisenbahn rumpelt durch unberührte Gebirgswelten. Kurz hinter der Stadtgrenze von Tijuana beginnt die Einsamkeit. Baja California erstreckt sich wie ein langer Finger rund 1300 km in den Pazifischen Ozean.

Die im Durchschnitt nur 90 km breite Halbinsel ist eine Welt für sich: Während die Landschaft mit ihrem Braun-in-Braun, mit Dornensträuchern, Kaktushainen und kahlen Felsformationen einen fast le-

Steter Tropfen höhlt den Stein: Ein Fluss hat die Kupferschlucht in die Felsen gegraben

bensfeindlichen Eindruck erweckt, ist die Tierwelt an den beiden Küsten von großer Vielfalt. Manche einsam gelegenen Hotels haben Teleskope aufgestellt: Die Gewässer liegen an der Route der Wale, die von Dezember bis April hier ihre Jungen zur Welt bringen.
Nicht weniger aufregend ist die Sierra Madre Occidental, die mit atemraubenden Schluchten aufwartet. Nur mit der Eisenbahn gelangst du zur Kupferschlucht, die mindestens so spektakulär ist wie der Grand Canyon in den USA.

DER NORDEN

Avalon

Buckeye
Gila Bend

✈ **Yuma**

✈ **Tijuana**
S. 98

✈ **Mexicali**

ARIZONA

Ajo

**San Luis
Río Colorado**

Sonoyta

Ensenada

Lázaro Cárdenas

**Golfo de
Santa Clara**

**Puerto
Peñasco**

Punta
Colonet

San Felipe

✈

Golfo de California

✈

P A C I F I C

El Rosario

MEX 1

BAJA
CALIFORNIA

Isla de Cedros

Guerrero Negro

O C E A N

El Marasal

Bahía Tortugas

BAJA
CALIFORNIA
SUR

Bahía Asunción

San Juanico

MARCO POLO HIGHLIGHTS

★ **EL ARCO**
Glasklares Wasser und ein Hauch „Ende
der Welt"-Feeling in Los Cabos ➤ S.100

★ **SAN CARLOS**
Auf Tuchfühlung mit den Grauwalen in
der Bahía Magdalena ➤ S.103

★ **MUSEO HISTÓRICO
DE LA REVOLUCIÓN IN CHIHUAHUA**
Besuch bei Mexikos größtem Banditen,
Pancho Villa – hier kommst du dem
Revolutionshelden ganz nah ➤ S. 104

★ **BARRANCA DEL COBRE**
Eine der spektakulärsten Eisenbahn-
strecken der Welt führt geradewegs zu
Mexikos Kupfercanyon ➤ S. 106

▲
100 km
62.15 mi

In den Straßen der Shoppingstadt Tijuana leben Gringos ihren Kaufrausch aus

TIJUANA

(🗺 A1) **Vom kalifornischen San Diego aus kannst du in einer knappen Stunde an die Grenze fahren und zu Fuß nach Mexiko gehen.**

Von dort aus fahren rund um die Uhr Minibusse für wenige Pesos nach Downtown Tijuana. Alternativ rufst du ein Uber oder nimmst ein Taxi (vorher Preis aushandeln!). Für die Kalifornier ist Tijuana (2 Mio. Ew.) Wochenendziel: Preiswerte Shoppingmöglichkeiten, Bars, Restaurants, Clubs und Spielsalons sind wichtige Einkommensquellen. Schon während der Prohibition 1920–1933 erlebte Tijuana einen ersten Boom, hier trafen sich seinerzeit die Durstigen von Seattle bis San Diego.

SIGHTSEEING

MUSEO DE LAS CALIFORNIAS

Das historische Museum von Baja California befindet sich im *Centro Cultural de Tijuana* (CECUT). Die Ausstellungen reichen von der präkolumbischen Archäologie über die Kolonialzeit bis ins 20. Jh. Das Centro bietet Folklore und eine Vielfalt von Events. Viele Veranstaltungen gibt es zum 🎫 Nulltarif, einige kosten geringen Eintritt. *Di–So 10–19 Uhr | Paseo de los Héroes/Mina | cecut.gob.mx | ⏱ 30 Min.*

LA CAJA ARTE Y CULTURA

In acht Ausstellungssälen siehst du die Arbeiten der besten modernen Künstler der Stadt. *Mo–Do 10–18, Fr/Sa 10–14 Uhr | De las Moras 118b | la cajagaleria.com*

LOS CABOS

ESSEN & TRINKEN

ESSEN & TRINKEN

CAESAR'S

INSIDER-TIPP
Geburtsort eines Klassikers

Rib-Eye-Steak, Shrimps oder Tapas: Was hier auf dem Tisch landet, schmeckt hervorragend. Der *Caesar Salad* wurde in den 1930ern hier erfunden. *Av. Revolución 8190 | Tel. 66 46 85 19 27 | caesarstijuana.com | €€–€€€*

NORTE BREWING CO.

Tijuana ist die Craftbier-Hauptstadt Mexikos – Norte Brewing bietet neben tollem Bier die beste Aussicht der Stadt. *Díaz Mirón 4° 8178 | Tel. 66 46 38 48 91 | nortebrewing.com | €€*

STRÄNDE

Tijuanas *playa* lockt mit hohen Wellen und Naturstrand. Hier trifft man sich in den Morgenstunden und am Nachmittag – als Besucher jedoch nicht allein, sondern stets in Begleitung! Entlang des 6 km langen Malécon lässt es sich gut joggen. Hier kannst du auch einen Kaffee oder an einem der Obststände frische Smoothies trinken.

(🗺 D–E7) **Da, wo Pazifik und Golf von Kalifornien sich mischen, ist alles auf Spaß, Erholung und Action ausgelegt.**

An der Südspitze der 1550 km langen Halbinsel Baja California weicht die Wüste ungezählten Luxusresorts, Restaurants und Clubs, dem Grün teurer Golfplätze. Wem der Hype zu viel wird, braucht nur ins Auto zu steigen, um die einsame, bizarre Wüstenlandschaft mit meterhohen *Cardón*-Kakteen zu sehen. Los Cabos besteht aus zwei Städten: dem ruhigeren *San José del Cabo* (135 000 Ew.) und der gut 30 km südwestlich gelegenen Partyhochburg *Cabo San Lucas* (205 000 Ew.), wo rund um die Uhr in den Clubs und Bars gefeiert wird.

SIGHTSEEING

SAN JOSÉ DEL CABO MAIN SQUARE

Herausgeputzte koloniale Häuschen und nostalgische Kopfsteinpflasterstraßen umgeben den schmiedeeisernen Pavillon: Im *Centro Histórico* der

WERKBANK DER USA

Maquiladoras heißen die Freihandelsbetriebe, die an der Grenze zwischen Mexiko und den USA liegen. Die Fertigungsstätten profitieren von den niedrigen mexikanischen Löhnen. Rund 3000 dieser Fabriken gibt es und sie beschäftigen etwa 1 Mio.

Menschen. Regionale Schwerpunkte sind dabei Tijuana und Ciudad Juárez. Morgens bringen Lastwagen Einzelteile heran, die zu Fertigwaren (Elektronik, Sportartikel u. a.) zusammengesetzt werden und schon am Abend Mexiko wieder verlassen.

Stadt herrscht eine angenehm entspannte Atmosphäre, es gibt nette Cafés, Shops und Restaurants – und natürlich *Mariachi*-Bands.

EL ARCO ★

Einfach nur spektakulär: Am Ende der langen Halbinsel, dort wo Pazifik und Golf von Kalifornien zusammentreffen, durchbricht ein Felsentor die mächtigen Gesteinsformationen. Der Bogen lässt sich vom Festland aus erkennen. Oder du unternimmst eine Bootstour *(buchbar am Hafen)* – am besten kurz vor Sonnenuntergang – und schaust dir das Wahrzeichen von Los Cabos aus der Nähe an.

FARO DE CABO FALSO

Die Ruinen des alten Leuchtturms von 1905 und ein Schiffswrack von 1912 liegen 5 km südwestlich von Cabo San Lucas in den Dünen 200 m über dem Meer. Reisebüros organisieren Touren und an den Stränden der Stadt werden Pferdeausritte zum Faro Viejo angeboten.

ESSEN & TRINKEN

Die Restaurants in Los Cabos sind teurer als in den anderen Orten von Baja California, Auswahl und Konkurrenz dafür groß. Auch im Yachthafen reihen sich die Cafés und Restaurants aneinander.

LA LUPITA

In der zentral gelegenen *cantina* dreht sich alles um *tacos* und *mezcal*. Probier im schönen Innenhof verschiede *mezcales* in traditionell dafür verwen-

deten *jicaras,* ausgehöhlten Kalebassen, und lass dir dazu die erstklassigen *tacos* schmecken. Abends häufig Livemusik. Es gibt auch eine Niederlassung in Cabo San Lucas. *San José del Cabo | Morelos zwischen Obregón und Comonfort | Tel. 62 46 88 39 26 | lalupitatym.com | €€*

FLORA FARMS

Retrostyle kombiniert mit Nachhaltigkeit: Der große Ökobetrieb ist ein Traum, ästhetisch ebenso wie kulinarisch. Nach dem täglich wechselnden Essen lohnt sich der Besuch des Hofladens, um frische Biobackwaren wie z. B. *pastel de zanahoria* (Karottenkuchen) zu kaufen. *San José del Cabo | Colonia Los Ánimas Baja | Carretera Transpeninsular km 30 | Tel. 62 41 42 10 00 | flora-farms.com | €€*

INSIDER-TIPP
Zum Mitnehmen, bitte!

ZIPPER'S ON THE BEACH

Der Ort für Surfer, um einen saftigen Black-Angus-Burger, Spareribs und ein kühles Pacífico mit Blick auf die Wellen zu genießen. *San José del Cabo | Costa Azul Beach | Carretera Transpeninsular km 28,5 | Tel. 62 41 72 61 62 | zippers.restaurantwebexperts.com | €€*

SPORT & SPASS

GOLF

Trockene Luft, ausgeglichene Temperaturen: Zwischen Oktober und März ist Los Cabos mit seinen 16 Weltklasse-Golfplätzen das Sehnsuchtsziel vieler Golfer. Tee-Times werden dann viele Tage im Voraus reserviert.

CANOPY COSTA AZUL

Wie Tarzan an einer Liane schwingen, sicher angeseilt über eine Schlucht schweben. Bereits die Anreise zu der dreistündigen Zipline-Tour durch die wilde Landschaft in den Nationalpark Boca de Sierra ist ein Erlebnis. *Tgl. 9, 12, 15 Uhr | costaazulziplines.com*

WALBEOBACHTUNGSTOUREN

Im Winterhalbjahr pflügen die sanften Meeresbewohner durch die warmen Gewässer von Baja California, um sich fortzupflanzen. Bootstouren kann man praktisch überall ab 40 US-$ buchen.

WILD CANYON ADVENTURE PARK

Zipline-Touren, Bungee-Jumping und jede Menge anderes adrenalinsteigerndes – leider recht teures – Halligalli. *San José del Cabo | Carretera Transpeninsular km 19,5 | wildcanyon. com.mx*

STRÄNDE

Zwischen Cabo San Lucas und San José del Cabo ziehen sich zahlreiche Superstrände entlang, von denen wegen der gefährlichen Strömung nur acht zum Baden freigegeben sind. Surfer

Am Übergang zwischen Pazifik und Golf von Kalifornien: El Arco

bevorzugen die *Costa Azul* und *Acapulquito* wegen der recht stürmischen Wellen.

Die perfekt gepflegte 🐾 *Punta Palmilla* mit ihrem glasklaren Wasser ist bestens geeignet zum Schnorcheln, Schwimmen und Sonnenbaden. Der Strand, an die Mexikos schönste Beachhotels grenzen, ist palmenumsäumt, hell und feinsandig. Hier mischen sich Promis von einem nahen Luxusresort unter die Badegäste.

AUSGEHEN & FEIERN

CABO WABO

Tequila und *mezcal* unter einem weißen (imitierten) Leuchtturm, jedoch recht schick. Der Club wird seit 1990 vom ehemaligen Van-Halen-Sänger und Songwriter Sammy Hagar betrieben. Täglich wechselnde Rockbands. *Cabo San Lucas | Guerrero/Cárdenas | cabowabocantina.com*

RUND UM LOS CABOS

1 TODOS SANTOS

80km nördlich von San José/1 Std. mit dem Bus

Altrocker, Maler und Surfer leben in diesem Fischerstädtchen (6000 Ew.) Tür an Tür mit Einheimischen. So mancher, der den Ort zufällig entdeckte, blieb hier hängen, angezogen von der Atmosphäre, die noch immer an die 1970er erinnert. New-Age-Cafés, Surferkneipen, Galerien und von Auslän-

dern betriebene Restaurants ziehen auch verwöhnte New Yorker an. Unbedingt vorbeischauen solltest du im künstlerisch designten *Hotel California (Juárez | hotelcaliforniabaja.com)*. Es soll das legendäre Hotel aus dem gleichnamigen Eagles-Song sein: „You can check out anytime you like, but you can never leave", heißt es da. Bestell dir dort ein Bier in der *La Coronela Bar,* wo samstagabends Rockbands spielen und die Post abgeht.

Ein authentisches Baja-Erlebnis hast du 5 km südlich von Todos Santos: Die 🐾 *Punta Lobos* ist wild und einsam. Pelikane leben hier, wo hohe Wellen ausrollen. Ein Traum für jeden, der Natur liebt, jedoch nur bedingt zum Schwimmen geeignet. *D7*

2 LA PAZ

160 km nördlich von Cabo San Lucas/ 2 Std. mit dem Auto

Die Hauptstadt (250 000 Ew.) der südlichen Baja California zeigt sich stylishmodern und international, ist aber gleichzeitig typisch mexikanisch. An der Uferpromenade und drum herum findest du ausgefallene Läden, tolle Fischrestaurants und einige Clubs. Hungrig vom Schwimmen? Nichts schmeckt dann besser als die mit frischer *salsa* und Sauerrahm servierten Meeresfrüchte-tacos von *Taco Fish La Paz (Av. Márques de León/Héroes de Independencia | Tel. 61 21 25 70 75 | Facebook | €)*.

INSIDER-TIPP
Fischtacos futtern

Die im Vergleich zu Orten wie Cabo San Lucas recht niedrigen Preise begeistern Backpacker aus aller Welt, die sich während der Wintermonate hier einmieten. Dann kann man Walhaie in der Bucht sehen und an Touren teilnehmen. Es gibt auch Ausflüge zu den nahe gelegenen kleinen Inseln und

Relativ einfach gelangt man aber zu den an der Bahía Magdalena an der Westküste gelegenen Aussichtspunkten *San Carlos, Punta Stern* sowie *Puer-*

Läuft bei ihr: Strandspaziergang in La Paz

den Seelöwenkolonien der Umgebung.

25 km nördlich liegt umgeben von Kakteen und Mangroven an einer hufeisenförmigen Bucht der *Balandra Beach* mit weißem Sand und einem Hauch Südseefeeling. Das seichte, klare Wasser ist ideal zum Schnorcheln. *D6*

3 SAN CARLOS ⭐

420 km nordwestlich von Cabo San Lucas / 5 Std. mit dem Bus

Von Mitte Januar bis Ende März versammeln sich Grauwale in den Gewässern von Baja California, um sich zu paaren und ihre Jungen zur Welt zu bringen. Viele Aussichtspunkte sind schwierig über ungeteerte Straßen oder nur vom Meer aus zu erreichen.

to López Mateos. **INSIDER-TIPP Grauwale sehen Der Bootsführer des Hotels Brennan in San Carlos ist ein echter Profi. Er weiß, wo er jeden Tag die Wale antreffen kann.** Die Preise sind zudem recht moderat (*75 US-$/Std. und Boot | Tel. 80 08 31 90 41 | hotelbrennan.com.mx | ⏱ 3 Std.). C6*

CHIHUAHUA

(*G4*) **Eine Cowboystadt (1,1 Mio. Ew.) wie aus dem Bilderbuch. In Leder gekleidete *rancheros* erledigen in Chihuahua (gesprochen: Tschi-wa-wa) ihre Viehgeschäfte.**

Als wohlhabende Hauptstadt des größten mexikanischen Bundesstaats verfügt Chihuahua über einige prächtig restaurierte Kolonialpaläste und zahlreiche aufwendige Jugendstilbauten. Chihuahua ist auch der Geburtsort von Pancho Villa, einer der schillerndsten Figuren der mexikanischen Revolution. Mit dem Schlachtruf „Viva la Revolución" führte er seine 1913 gegründete Reitertruppe División del Norte zum Sturz des Diktators Porfirio Díaz. Mit Überfällen seiner Leute auf Großgrundbesitzer schuf sich Villa aber auch Feinde: Am 20. Juli 1923 wurde er erschossen.

SIGHTSEEING

CATEDRAL
Den frühen Reichtum Chihuahuas demonstriert die im 18. Jh. mit Silbersteuern erbaute Barockkirche. In ihrem Inneren ist sie prunkvoll ausgestattet mit Kunstwerken. *Plaza de Armas*

PALACIO DE GOBIERNO
Gewaltige *murales* von Piña Mora zur Geschichte des Bundesstaats zieren diesen Ende des 19. Jhs. erbauten Palast, der während des Unabhängigkeitskriegs zum Schauplatz einer Hinrichtung wurde: Das Grab und ein Denkmal erinnern noch heute an Pater Hidalgo. *Tgl. 9–18 Uhr | Plaza Hidalgo*

CENTRO CULTURAL QUINTA GAMEROS
Im ehemaligen Wohnhaus eines mexikanischen Bergbauingenieurs bietet sich dir die seltene Gelegenheit, dir einmal ein großbürgerliches Gebäude von innen anzusehen. Es ist ausgestattet mit erlesenen Möbeln, die zum

Teil aus dem Art nouveau stammen. Dazu informiert eine Ausstellung über die in der Umgebung siedelnden Mennoniten. *Di–So 10–18 Uhr | Paseo Bolívar 401/Calle 4 | ⊙ 45 Min.*

MUSEO HISTÓRICO DE LA REVOLUCIÓN ★
„Quinta Luz" – auf den Namen seiner dritten, kurz zuvor verstorbenen Frau taufte Francisco „Pancho" Villa seinen 50-Zimmer-Palast. Neun Jahre nahm der Revolutionsheld hier Quartier, bis er 1923 in Chihuahua getötet wurde. *Di–Sa 9–13 und 15–19, So 9–17 Uhr | Calle 10 Nr. 3010/Méndez | ⊙ 1½ Std.*

ESSEN & TRINKEN

EL CORTIJO
Hier gibt es spanische Küche, Paella und zahlreiche vegetarische Gerichte. *Neri Santos 121 | Tel. 61 44 15 83 51 | Facebook | €€*

LA CASONA
Im Innenhof des Restaurants mit mexikanischer Küche und der besten Weinkarte der Stadt dinierst du herrschaftlich. Sieh dir danach unbedingt das Haus aus dem frühen 20. Jh. an! *Av. Ocampo 430 | Tel. 61 44 10 00 63 | Facebook | €€€*

SHOPPEN

INSIDER-TIPP
These boots are made for walking

MERCADO DE ARTESANÍAS
Hier hast du die seltene Gelegenheit, absolut individuelle Cowboystiefel in bester Qualität und in allen Farben zu kaufen

– und natürlich auch alles andere, was man auf einer Pferderanch so braucht. Toll sind auch die Flecht- und Perlarbeiten der Tarahumara. Eine gute Mischung aus landestypischen Souvenirs und lokalen Handarbeiten. *Victoria 506 und Aldama 511*

RUND UM CHIHUAHUA

4 CUAUHTÉMOC & MENNONITENDÖRFER

100 km südwestlich von Chihuahua/ 1½ Std. mit dem Auto

Die etwa 50 000 in *Cuauhtémoc* und in der Umgebung auf Farmen lebenden Mennoniten unterscheiden sich mit ihren blonden Haaren, blauen Augen und der verbreiteten niederdeutschen Mundart stark von ihren mexikanischen Nachbarn. Integriert sind sie jedoch schon lange: Mit Eisenbahnzügen erreichten die damals etwa 5000 kanadischen Mennoniten 1921/22 ihr Ziel: die Hacienda Bustillos und die dazugehörigen 1000 km² Land, die sie von der mexikanischen Regierung für 2 Mio. Dollar erworben hatten.

Die kinderreichen Familien haben das trockene Grasland in propere kleine Gemeinden verwandelt, umgeben von Weizenfeldern und Apfelplantagen. Besucher werden freundlich, aber zunächst etwas reserviert begrüßt. Ein Muss ist der Besuch des *Museo y Centro Cultural Menonita (Mo–Sa 9–16.30 Uhr | km 10 Corredor Comercial Manitoba 1024 | museome*

In den Dörfern des Bundesstaats Chihuahua leben die Tarahumaraindianer

nonita.org | ⏱ *1½ Std.)* 15 km nördlich von Cuauhtémoc. Im angeschlossenen kleinen Laden kannst du auf Deutsch nach Wurst und Käse fragen, dazu gibts frisches Brot. 🗺 *F4*

⑤ CASAS GRANDES

300 km nordwestlich von Chihuahua/4½ Std. mit dem Bus

Casas Grandes wird heute die archäologische Stätte *Paquimé* („große Häuser") genannt, die 8 km von der Ortschaft Nuevo Casas Grandes entfernt in einem vegetationslosen Tal liegt. Die Siedlung der Chichimeken, um das Jahr 700 gegründet, avancierte um 1300 zur größten im nördlichen Mexiko und betrieb Handel mit dem Volk der Pueblo im Südwesten der heutigen USA. Eine Besonderheit war das Züchten tropischer Vögel.

Die zahlreichen, teilweise recht gut erhaltenen Ruinen der Adobegebäude wurden seit der Aufnahme in den Unesco-Welterbekatalog weiter restauriert. Das moderne *Museo de las Culturas del Norte (Di–So 8–17 Uhr |* ⏱ *45 Min.)* zeigt Töpferwaren mit geometrischen Mustern, Kupferschmuck, Vogelfedern und Muscheln aus dem 12.–14. Jh. 🗺 *F3*

BARRANCA DEL COBRE

(🗺 *F4–5)* **Der „Grand Canyon Mexikos" ist die** ⭐ **Barranca del Cobre, die Kupferschlucht. Über 1800 m fallen die Felswände steil in die Tiefe.**

Ein wirklich unvergessliches Erlebnis: die zehnstündige Eisenbahnfahrt *(im Chepe Express ca. 200 Euro in der 1. Klasse mit Zugang zur grandiosen Barterrasse, 115 Euro in der Touristenklasse | chepe.mx)* von Los Mochis am Golf von Kalifornien nach *Creel* durch Tropen, Berge und Wüste, durch die Klimazonen der Erde, vom subtropischen Küstenland auf Meereshöhe ins 2500 m hohe Bergland der Sierra Madre Occidental und in die wüstenähnlichen Gebiete Nordmexikos.

Über 39 Brücken und durch 86 Tunnel suchen sich die Wagen der Bahn ihren Weg. Sie tragen das Signet eines laufenden Tarahumaraindianers. Tatsächlich leben etwa 45 000 Rarámuri, „Läufer", wie sie sich selbst nennen, in den Schluchten des Gebirges. Die Tarahumara sind bekannt für ihre erstaunlichen Dauerlaufleistungen, die mehr als 100 km betragen können. Als Tourist kommt man mit ihnen an den Bahnsteigen in Kontakt, wo sie Webarbeiten verkaufen.

Ausgangspunkt für die abenteuerliche Fahrt ist die von Zuckerrohrfeldern umgebene 360 000-Ew.-Stadt *Los Mochis* an der nordmexikanischen Pazifikküste. Da der Zug morgens um 8 Uhr abfährt, reisen die meisten Besucher am Vorabend an.

Von Los Mochis aus geht es zunächst durch eine Ebene mit Zuckerrohr, Gemüsefeldern und subtropischem Grün. Von der Bahnstation Bahuichivo, 250 km nördlich von Los Mochis und etwa 1700 m hoch gelegen, erreicht man das entzückende, 12 km entfernte Bergbaudörfchen *Cerocahui*. Vorbei an einer Jesuitenmission aus dem 17. Jh.,

Da kommt Cowboyfeeling auf: mit der Eisenbahn durch den wilden Westen Nordmexikos

einem Wasserfall und verlassenen Minen gelangt man zum Fluss Urique mit ehemaliger Goldmine und Geisterstadt. Die besten Guides, die dich in Cerocahui begleiten können, gehören zu den Tarahumara. Sie kennen außergewöhnliche Wege entlang der Steilhänge der Cañons, wo Wanderer auf Pumas, Kojoten, Bären, Füchse, Wölfe und Rehwild treffen.

INSIDER-TIPP
In den Tatzenspuren von Pumas

An der Bahnstation von *El Divisadero* in 2250 m Höhe halten die Züge meistens etwas länger, damit die Reisenden von der nahe gelegenen *Aussichtsplattform* das unvergleichliche Naturschauspiel genießen können: Drei Cañons treffen hier zusammen, 1500 m fallen die Wände steil ab. In *Ojitos* ist mit 2460 m der höchste Punkt der Reise erreicht. 20 km weiter liegt *Creel,* mit 12 000 Ew. das Zentrum des Tarahumaralands.

SPORT & SPASS

PARQUE DE AVENTURA BARRANCAS DEL COBRE

Über den Kupfercañon auf einer wackelnden Hängebrücke laufen? Oder lieber an zwölf Ziplines, *tirolesas* genannt, darunter eine der mit 2,5 km längsten Seilrutschen der Welt, über den Abgrund bis fast hinunter zum Grund des Cañons schweben? Witzig ist auch der *Flying Fox:* sieben Seilrutschen, in denen du rücklings in der Luft hängend über die Cañons fliegst. Ganz entspannt hingegen ist die Fahrt mit dem *teleférico,* der roten 60-Personen-Seilbahn, in diesem Adventure-Park bei El Divisadero. *Tgl. 9–16.30 Uhr | parquebarrancas.com*

DER SÜDEN

INDIANISCHE DÖRFER, KOLONIALE ORTE

Im Süden Mexikos begegnest du indianischer Tradition und Folklore. In den Tälern und an den Berghängen Oaxacas ebenso wie in Chiapas, dem bis an die guatemaltekische Grenze reichenden Bundesstaat, leben Zigtausende von Tzeltal- und Tzotzilindianern. Sie sind Nachkommen der Maya, die jeweils ihre eigene Sprache sprechen, ihre eigenen Trachten tragen.
Der Río Usumacinta verläuft durch tropischen Regenwald und durch das Land der Lakandonen, die zurückgezogen leben und sich noch

Zum Markt am Donnerstag strömt die ganze Umgebung nach Zaachila

der Anbaumethoden ihrer Vorfahren bedienen. Der Alltag hier folgt den Traditionen. Doch Chiapas und Oaxaca brauchen die Devisen der Urlauber, darum wird das touristische Angebot vorangetrieben, werden Naturschutzgebiete ausgebaut, entstehen Gästehäuser im Adobestil, der Bauweise mit Lehmziegeln. Vor Tausenden von Jahren gründeten die Maya in Chiapas ihre Ritualzentren. Hunderte Mayastätten liegen noch verborgen unter wucherndem Dschungel. Kunsthistorisch gehört die Region deshalb zu den Schatzkammern des Landes.

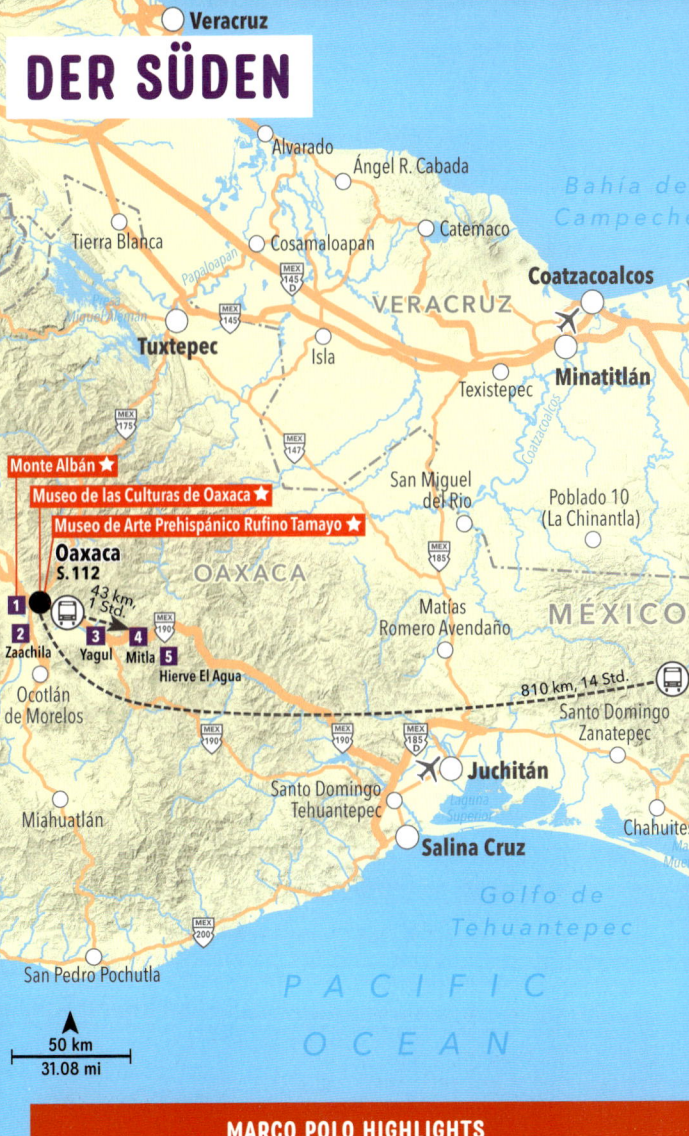

DER SÜDEN

Veracruz

Alvarado

Ángel R. Cabada

Bahía de Campeche

Tierra Blanca

Cosamaloapan

Catemaco

Coatzacoalcos

VERACRUZ

Tuxtepec

Isla

Texistepec

Minatitlán

Monte Albán ★

Museo de las Culturas de Oaxaca ★

Museo de Arte Prehispánico Rufino Tamayo ★

San Miguel del Rio

Poblado 10 (La Chinantla)

Oaxaca
S. 112

OAXACA

MÉXICO

1 Zaachila **3** Yagul **4** Mitla **5** Hierve El Agua

43 km, 1 Std.

Matías Romero Avendaño

Ocotlán de Morelos

810 km, 14 Std.

Santo Domingo Zanatepec

Miahuatlán

Santo Domingo Tehuantepec

Juchitán

Laguna Superior

Chahuites

Salina Cruz

Golfo de Tehuantepec

San Pedro Pochutla

P A C I F I C

O C E A N

50 km
31.08 mi

Sabancuy

Isla Aguada

San Antonio
Cárdenas

Frontera

Ciudad del Carmen
MEX 186

Paraíso

TABASCO

Candelaria

MEX 180

Jonuta

El Triunfo

Cárdenas

Villahermosa

Catazajá

Balancán

Estación
Chontalpa
MEX 195

MEX 307

Palenque
S. 122

Raudales
Malpaso

Pichucalco

Ruinas de Palenque ★

MEX 180

Presa
Nezahualcóyotl

Solistahuacán

10
Wasserfälle von Agua Azul ★

MEX 1995

Usumacinta

Cañón
del Sumidero

San Juan Chamula ★

Ocosingo

Yaxchilán
11

**Tuxtla
Gutiérrez**

8
Zinacantán   6 9 Tenejapa
7

215 km, 5 Std.

Nueva
Palestina

Chiapa
de Corzo

8   60 km, 1½ Std.

**San Cristóbal
de las Casas**
S. 117

Bonampak
12

Grijalva

MEX 180

Quintana Roo

Julián Grajales

Las Rosas

Plan de Alaya

San Quintín

MEX 195

CHIAPAS

La Concordia

Comitán

MEX 307

Revolución
Mexicana

Presa
La Angostura

Pablo L. Sidar

Paso Hondo

Santa Cruz Barillas

Pijijiapan

Motozintla
de Mendoza

GUATEMALA

Mapastepec

MEX 2005

Chajul

Huehuetenango

Tapachula

Coatepeque   **Quetzaltenango**

Retalhuleu

Ocós

Patulul

Nueva Concepción

★ **RUINAS DE PALENQUE**
Umgeben von dampfendem Regenwald
stehen Mayapyramiden von bewegen-
der Schönheit ➤ S. 122

★ **WASSERFÄLLE VON AGUA AZUL**
Hellblau schimmernde Wasserkaskaden
stürzen sich auf 7 km Länge die Fels-
stufen hinab ➤ S. 124

OAXACA

(□ M11) **Viele Besucher kommen nach Oaxaca (275 000 Ew.), um von hier aus die eindrucksvolle Pyramidenanlage Monte Albán zu besichtigen, die nahe der Stadt liegt.**
Oaxaca selbst, die Hauptstadt des gleichnamigen Bundesstaats, punktet mit beschaulicher Atmosphäre, indianischer Kultur und prächtigen Palästen. Architektur und Stadtplanung erinnern mit ihren einstöckigen Patiohäusern und den schnurgerade verlaufenden Straßen an die Kolonialzeit. Die aus den Dörfern des Umlands anreisenden Zapoteken und Mixteken zeigen die Bedeutung Oaxacas als Marktzentrum der Region. Jeden Abend versammeln sich die Besucher in den Cafés und Restaurants rund um den Zócalo.

SIGHTSEEING

ZÓCALO
Im Herzen der Stadt liegt der verkehrsberuhigte Zócalo umgeben von Cafés und Arkadenrestaurants. Auf der Rundbühne werden jeden Tag Konzerte gespielt. Den *Palacio de Gobierno* schmückt ein Wandgemälde des berühmten mexikanischen Künstlers Arturo García Bustos zur Geschichte Oaxacas. Die *Kathedrale* aus grünem Serpentin beherbergt u. a. einen Altar aus griechischem Marmor.

MUSEO TEXTIL DE OAXACA
In dem prachtvollen zweistöckigen Stadthaus aus dem 18. Jh. erfährst du viel über die Herstellungstechniken und Designs von Textilien aus Oaxaca und ganz Mexiko. Es werden auch Workshops angeboten. Im Museumsshop gibt es tolle handgefertigte Souvenirs. *Tgl. 11–18 Uhr | Hidalgo 917 | museotextildeoaxaca.org | ⏱ 1 Std.*

MUSEO DE ARTE PREHISPÁNICO RUFINO TAMAYO ⭐
Der große mexikanische Maler der Moderne war ein Liebhaber und Sammler präkolumbischer Kunst. Einen Großteil seiner Schätze übergab er dem Staat Oaxaca. In fünf Sälen des ehemaligen Inquisitionshauses befinden sich heute die von Tamayo nach ästhetischen Gesichtspunkten zusammengestellten Objekte. *Mo und Mi–Sa 10–14 und 16–19, So 10–15 Uhr | Av. Morelos 503 | rufinotamayo.org.mx | ⏱ 1½ Std.*

ANDADOR MACEDONIO ALCALÁ
Prächtige koloniale Paläste flankieren die autofreie Kopfsteinpflasterstraße. Leicht übersieht man vor lauter Passanten, Straßenhändlern und -künstlern die hier ansässigen hervorragenden Kunstgalerien, ausgefallenen Boutiquen und tollen Cafés. Der beste Ort, um nach Sonnenuntergang sicher und entspannt zu flanieren – in dieser Region keine Selbstverständlichkeit! *Zwischen Zócalo und Santo-Domingo-Kirche*

INSIDER-TIPP Nachtschwärmer willkommen

SANTO-DOMINGO-KIRCHE
Die Barockkirche wurde ab 1575 errichtet. Ihre Fassade, die von zwei mächtigen Türmen flankiert wird,

zeigt Heilige des Dominikanerordens. Erst im Kircheninneren wird die barocke Pracht richtig sichtbar. *Tgl. 7–13 und 16–20 Uhr | Alcalá/Gurrión*

MUSEO DE LAS CULTURAS DE OAXACA ⭐ 🏛

Ein unbedingtes Muss: Im stilvollen Rahmen eines ehemaligen Dominikanerklosters sind archäologische Fundstücke und eine ethnografische Sammlung untergebracht, die einen authentischen Eindruck vom Leben der vergangenen und gegenwärtigen Indiovölker vermitteln. Der eigentliche Schatz des Museums sind die im Grab 7 in Monte Albán entdeckten mixtekischen Grabbeigaben aus Jade und Gold. *Di–So 10–18 Uhr | neben der Santo-Domingo-Kirche | ⏱ 2 Std.*

ESSEN & TRINKEN

Spezialität von Oaxaca sind Cafés, in denen es Vollwertkuchen und Patisserien gibt, Biobrot und Kaffee mit frisch gerösteten Oaxacabohnen.

LOS DANZANTES 🚩

Eines der besten Restaurants der Stadt. Serviert werden traditionelle und neu interpretierte lokale Gerichte. Probier z. B. *tlayuda con camarones,* Garnelen in der typischen Riesentortilla, und als Starter eine Tamarinden-*margarita. Alcalá 403 | Tel. 95 15 01 11 87 | losdanzantes.com | €€*

TIERRA DEL SOL

Über 30 verschiedene Sorten *mole* und viele weitere regionale Spezialitäten, mit viel Hingabe zubereitet und

Bunte Patiohäuser machen das Straßenbild von Oaxaca aus

auf einer wunderschönen Terrasse serviert. *Reforma 411 | Tel. 95 15 16 86 41 | tierradelsol.mx | €€*

LA OLLA

Seit mehr als zwei Jahrzehnten beliebt: Mittags locken günstige mehrgängige Menüs, es gibt tolle Drinks und Cocktails ebenso wie diverse Kaffeespezialitäten. *Reforma 402 | Tel. 95 15 16 66 68 | laolla.com.mx | €*

SHOPPEN

MERCADO DE BENITO JUÁREZ

Von *mezcal* über Heilkräutern bis zu Webarbeiten und Tüchern der *indíge-*

nas, Ledertaschen und Trachten: An den unzähligen Ständen des großen, überdachten Markts kann man verloren gehen. Mach unbedingt eine Pause an einem der vielen Essstände! Die *chapulines* sind für Einheimische der Renner. Wer sich nicht rantraut, bestellt nur mit Gemüse. *Magón/Las Casas*

LA CASA DE LAS ARTESANÍAS

Hervorgegangen aus einer Initiative, die Oaxacas einzigartiges Kunsthandwerk schützen will: eine überwältigende Auswahl hochwertiger Objekte, präsentiert in einem farbenfroh gestalteten Altstadtpalast. *Matamoros 105 | la casadelasartesaniasdeoaxaca.com*

ESPACIO ZAPATA

Kleine Kunstgalerie mit zeitgenössischen, oft politisch aufgeladenen Werken. Hier wird lokalen Künstlern eine Plattform gegeben. *Díaz 509 | espacio-zapata.negocio.site*

SPORT & SPASS

HÍPICO LA GOLONDRINA 🎭

Die meisten Reitställe Mexikos wenden sich nur an Erwachsene. La Golondrina wenige Kilometer nördlich von Oaxaca ist dagegen ein Stall mit speziellen Kinderprogrammen. Das Angebot reicht von Dressur- und Springreiten bis zu Ausritten durch Flusstäler und Bergwälder mit Ponys oder kleineren Pferden. *Riveras del Atoyac | Bordo del Río Atoyac 800 | Tel. 95 15 12 75 70*

Monte Albán: In luftiger Höhe errichteten die Olmeken ihre Pyramidentempel

AUSGEHEN & FEIERN

SELVA COCKTAIL BAR
Der Schwerpunkt liegt hier auf *mezcal* und traditionellen Heilkräutern der Region, die ihren Weg in die ständig wechselnde Cocktailkarte finden. *Alcalá 403 | selvaoaxaca.com*

LA NUEVA BABEL
Die kleine Bar gehört zur Alternativszene. Im Patio finden häufiger Lesungen statt, außerdem sind *Trova*-Gesang, Jazz und experimentelle Musik zu hören. *Díaz 224/Matamoros | oaxacaevents.com/LaNuevaBabel*

MEZCALOGIA ⚑
Die kleine, äußerlich unscheinbare Bar ist das Mekka für *Mezcal*-Fans und

der richtige Ort, um einmal neue, gewagte Cocktails zu probieren. Auch Craftbier wird ausgeschenkt. *García Vigil 509*

RUND UM OAXACA

1 MONTE ALBÁN ★
10 km westlich von Oaxaca/20 Min. mit dem Bus

Vor den Toren der Stadt thront in atemraubender Berglage eine der schönsten Pyramidenanlagen Mexikos, als Kultzentrum von Zapoteken erbaut. In etwa 2000 m Höhe wurde von Olmeken, den ersten Siedlern des Tals, die Kuppe des Monte Albán, des „Weißen Bergs", abgetragen. Auf der so entstandenen 200 × 300 m großen Fläche bauten sie Tempel und Paläste.

Archäologen gliedern die geschichtliche Entwicklung Monte Albáns in fünf Phasen, die die Zeit von etwa 800 v. Chr. bis 1521 umfassen. Höhepunkt war Monte Albán III (0–900): Zapoteken überbauten alte und errichteten neue prächtige Bauwerke; der Platz nahm seine heutige Form an. In der Folgezeit wandelten die Mixteken die Anlage in einen Bestattungsplatz um.

Zu den interessantesten Bauwerken zählt das *Observatorium* (ca. 100 n. Chr.) nördlich der Südplattform; wahrscheinlich diente der Tempel mit seinem zugespitzten Grundriss zur Beobachtung des Himmels; ein Tunnel führt quer hindurch. Noch aus Monte Albán I stammt das *Gebäude der Tän-*

Von der Natur geschaffene Infinity-Pools mit atemraubender Aussicht: Hierve el Agua

zer *(Edificio de los Danzantes)* an der südlichen Westseite, in dessen Innerem sich Reliefplatten mit olmekisch aussehenden Menschenfiguren befinden. *Tgl. 8–17 Uhr | 🕐 3 Std. | 🗺 M11*

2 ZAACHILA
15 km südlich von Oaxaca/30 Min. mit dem Bus
Die stark indianisch geprägte Kleinstadt (20 000 Ew.) mit kolonialem Zentrum veranstaltet jeden Donnerstag einen großen Markt. Neben Obst und Gemüse gehören Blumen und Töpferwaren zum Angebot. Auch Vieh und Kleintiere werden gehandelt. Tolle Fotomotive (vorher fragen!) gibts in Hülle und Fülle. Probier unbedingt den in Kokosnussschalen verkauften *pulque* – dieser vergorene Agavensaft erfährt derzeit ein Comeback.

INSIDER-TIPP
Lust auf ein Schälchen Aztekenbier?

In der *Zona Arqueológica (tgl. 10–17 Uhr)* gibt es zwei von den Zapoteken angelegte und später von den Mixteken übernommene Grabstätten; die an Grab I angebrachten Stuckreliefs sind besonders gut erhalten. 🗺 M11

3 YAGUL
35 km südöstlich von Oaxaca/50 Min. mit dem Auto
Ein Ausflug nach Mitla lässt sich gut mit einem Besuch der archäologischen Stätte Yagul verbinden, der alten Kultstätte der Zapoteken und Mixteken. Ausgrabungsfunde sprechen dafür, dass es hier bereits um 600 v. Chr. eine Siedlung gab. Die erhaltenen Bauwerke stammen aber aus einer wesentlich späteren Epoche (900–1200 n. Chr.), aus der Übergangsphase von der zapotekischen zur mixtekischen Macht. Die kleinere Anlage wird von *La Fortaleza* beherrscht, einer weithin sichtba-

ren Hügelfestung. Südlich davon gruppieren sich die Paläste und Wohnviertel der einstigen Bewohner. Zwischen Kakteen und Agaven erstrecken sich die Bauwerke über zahllose Treppen. Beeindruckend ist der Grundriss des *Palacio de los Seis Patios* (Palast der sechs Innenhöfe): Die rechteckige, 60 × 80 m umfassende Anlage zeugt von der Kunst der alten Baumeister. *Tgl. 8–17 Uhr | ⏲ 2 Std. | 🗺 M11*

4 MITLA

50 km südöstlich von Oaxaca/1¼ Std. mit dem Auto

Besucher aus aller Welt sind hingerissen von der geometrischen Gestaltung der zapotekischen Kultstätte des alten Mitla. Nachdem sie aus Monte Albán vertrieben worden waren, gründeten die Zapoteken ab 1000 n. Chr. hier ein neues Herrschaftszentrum für ihre Könige und Hohepriester, gleichzeitig auch eine Totenstadt.

Im Palast der Säulen *(Palacio de las Columnas)* tragen die Wände einen Mosaik- und Fassadenschmuck, der durch Licht und Schatten seine ganze Schönheit offenbart. Fast 100 000 Ziegel haben die damaligen Künstler mosaikartig behauen und über ein Dutzend unterschiedliche Rauten- und Mäandermuster geschaffen. Selbst in den leider geplünderten kreuzförmigen Königsgräbern schmückte man die Wände auf diese Art. *Tgl. 8–17 Uhr | ⏲ 2 Std. | 🗺 M11*

5 HIERVE EL AGUA 🎭

70 km südöstlich von Oaxaca/1½ Std. mit dem Auto

Zum Naturpark „Blubberndes Wasser" gehören zwei von Quellwasser ge-

speiste Pools zum Schwimmen, ein Paradies auch für Kinder. Zu sehen gibt es zwei große versteinerte Felsformationen, entstanden aus kalziumhaltigen Stalaktiten, die verblüffend an Wasserfälle erinnern. Die Umgebung kann man auf angelegten Trails erkunden. In der Nähe gibt es einige Restaurants und rustikale Bungalows zum Schlafen stehen ebenfalls zur Verfügung. Während es am Wochenende rappelvoll ist, teilst du den Ort unter der Woche mit weniger Menschen. 🗺 M–N11

INSIDER-TIPP
Meide die Massen

SAN CRISTÓBAL DE LAS CASAS

(🗺 P11) **Die „Indianerhauptstadt" (220 000 Ew.) des Landes begeistert mit ihrer einmaligen kolonialen und gleichzeitig indigenen Atmosphäre. Sie ist Treffpunkt künstlerisch interessierter wie politisch engagierter Backpacker aus aller Welt.**

Dazu gesellen sich zahlreiche Reisegruppen, denn San Cristóbal ist Anlaufstation in vielen Rundreiseprogrammen. Trotz des florierenden Besucherstroms hat die Stadt fast nichts von ihrem ursprünglichen Flair eingebüßt, überall ist die indianische Bevölkerung in ihren farbenprächtigen Trachten präsent. Es herrscht mildes, frühlingshaftes Klima mit herrlichem, klarem Hochland-Licht und kühlen Nächten. Die Kopfsteinpflastergassen sind geprägt von weiß gekalkten, einstöckigen Häusern mit roten Tonziegeln und wuchtigen Holztüren, dazwischen stehen koloniale Herrenhäuser und barocke Kirchen.

Das nicht weit von der guatemaltekischen Grenze in einem Hochlandtal umgeben von Pinienwäldern versteckte San Cristóbal mag zwar für einige wie am Ende der Welt liegen, doch die meisten bleiben länger als geplant.

SIGHTSEEING

PLAZA 31 DE MARZO
Um den Hauptplatz der Stadt gruppieren sich einige schöne koloniale Gebäude, das Rathaus (Palacio Municipal) sowie die Kathedrale. Die Casa de Mazariegos (Ecke Av. Insurgentes) aus dem 16. Jh., das Haus des Stadtgründers Diego de Mazariegos, beherbergt heute ein Hotel. Die ebenfalls aus dem 16. Jh. stammende Catedral Nuestra Señora de la Asunción besitzt einige wertvolle Barockaltäre, reiche Holzschnitzarbeiten sowie Gemälde von Juan Correa und Miguel Cabrera.

SANTO-DOMINGO-KIRCHE
Die kunsthistorisch bedeutsamste Kirche der Stadt aus der Mitte des 16. Jhs. beeindruckt schon von außen durch ihre kompakte, wuchtige Fassade im mexikanischen Barock mit zwei Habsburger Doppeladlern. Im Inneren sind vergoldete Altäre zu sehen. General Utrilla

MUSEO NA BOLOM
Die Schweizerin Gertrude Duby-Blom, Witwe des legendären Mayaforschers Frans Blom, leitete bis zu ihrem Tod 1993 das bemerkenswerte Haus des Jaguars, ein ethnologisches und archäologisches Museum, das der indianischen Kultur von Chiapas gewidmet ist. Darüber hinaus war sie bekannt als einfühlsame Porträtistin der Lakandonen. Die Organisation, die das Museum betreibt, engagiert sich mit Naturschutz- sowie sozialen Projekten besonders zur Unterstützung der Lakandonen. Mo–Fr 9–19 Uhr | Guerrero 33/ Calzada Blom | nabolom.org | 1½ Std.

MUSEO DE LA MEDICINA MAYA
Dieses einzigartige Museum, das von einer Organisation geführt wird, der über 500 indigene Heiler und Kräuterkundler angehören, gibt eine tolle Einführung in die Arten und Wirkungsweisen der indigenen Heilkräuter und -pflanzen – auch auf Englisch. Es verfügt außerdem über eine Kräuterapotheke und ein Behandlungszimmer, die sogenante casa de curación. Die Gesichtscremes, die man hier günstig kaufen kann, enthalten nicht nur Aloe vera, sondern auch viele weitere, bei uns unbekannte pflanzliche Inhaltsstoffe. Mo–Fr 10–17, Sa/So 10–16 Uhr | González Blanco 10 | 1½ Std.

INSIDER-TIPP
Anti-Aging à la Mexiko

ESSEN & TRINKEN

EL FOGÓN DE JOVEL
Mole chiapaneco, tamales chiapanecos und handgemachte quesadillas:

Seit mehr als zwei Jahrzehnten werden in dem geschützten Innenhof eines Kolonialhauses unmittelbar beim Hauptplatz regionale Spezialitäten aus Chiapas aufgetischt, liebevoll serviert im Tongeschirr der Region. Dazu ist oft Marimbamusik live zu erleben. *Av. 16 de Septiembre 11/5 de Febrero | Tel. 96 76 78 11 53 | fogondejovel. com | €€–€€€*

EL CALDERO

Köstliche Suppen *(caldos)* machen hier so richtig Appetit. Probier auf jeden Fall die Klassiker *chilango* (mit Huhn, frittierten Tortillastreifen und Koriander) und *tlalpeño* (mit Huhn, Bohnen, Kartoffeln und Gemüse). *Insurgentes 5 | Tel. 96 71 16 01 21 | €*

TIERRADENTRO

Ein Lieblingsort vieler Reisender: In dem großen Patio mit Galerie und Shops gibt es häufig Livemusik und für wenig Geld bekommt man tolle lokale und internationale Gerichte. *Real de Guadalupe 24 | Tel. 96 76 74 67 66 | €–€€*

CASA DEL PAN

Das Restaurant gehört zu einem Kulturzentrum. In alternativem, esoterisch angehauchtem Ambiente werden nur frisch zubereitete vegetarische Speisen sowie selbst gebackenes Brot aufgetischt. *Real de Guadalupe 55 | Tel. 96 76 78 72 15 | casadelpan.com | €*

SHOPPEN

Vor allem rund um die Santo-Domingo-Kirche bieten indianische Händler handgewebte Textilien und Souvenirs zum Verkauf an.

J'PAS JOLOVILETIC

„Jene, die weben" nennt sich diese Kooperative indianischer Frauen, die aus traditionell mit Pflanzenextrakten gefärbter Wolle und Baumwolle hochwertige Textilien herstellen. *General Utrilla 43*

AUSGEHEN & FEIERN

POSHERIA

Das legendäre, von den Tzotzilindianern einst in religiösen Zeremonien

Eine barocke Wucht: die Santo-Domingo-Kirche

benutzte, aus Mais, Zuckerrohr und Heilkräutern gebrannte *pox* wird in dieser schön gestalteten Bar ausgeschenkt und verkauft. Genieß es pur oder auf Eis mit 39 Prozent Alkohol (weißes Etikett). Die Longdrinks mit *pox* in der Variante mit 53 Prozent (schwarzes Etikett) sind der Hammer für alle, die es süß mögen. Besonders lecker sind die mit Schoko- und Kokosgeschmack. *Real de Guadalupe 46*

RUND UM SAN CRISTÓ- BAL DE LAS CASAS

In der näheren Umgebung von San Cristóbal liegen einige ausschließlich von Indianern bewohnte Dörfer. Touristen gegenüber verhalten sich die Bewohner meist gleichgültig, teilweise jedoch auch ablehnend bis feindlich. Deshalb gilt: Sei äußerst zurückhaltend mit dem Fotografieren und hol vorher stets das Einverständnis der betreffenden Person ein! Absolutes Fotografierverbot besteht in den Kirchen.

6 SAN JUAN CHAMULA ⭐

10 km nordwestlich von San Cristóbal/ 25 Min. mit dem Taxi

Das religiöse Zentrum der in den umliegenden Bergen wohnenden Chamula ist das meistbesuchte Dorf in Chiapas. Beim Betreten der am Hauptplatz gelegenen Kirche (zuvor musst du im Palacio Municipal an der *plaza* eine Gebühr entrichten) folgt meist ein Chamula, um auf die Einhaltung des Fotografierverbots zu achten. Bunt gewebte Tücher hängen von den Wänden, der Boden ist über und über mit Kiefernnadeln bedeckt, ganze Familien hocken auf dem Fußboden, trinken Coca-Cola, entzünden Kerzen, singen, beten und unterhalten sich angeregt. 🗺 P11

7 ZINACANTÁN

12 km westlich von San Cristóbal/ 25 Min. mit dem Bus

Wohnort der Tzotzilindianer ist dieses Dorf (Fotografierverbot!), zu dem zahlreiche Busse pendeln. Webarbeiten gibt es viele, doch die Blumendesigns von Zinacantán sind etwas ganz Besonderes. Schau deshalb unbedingt in die kleinen Webstuben der Frauenkooperativen. Bummel durch die ländlichen Gassen der Siedlung und besuch die *Kirche* am Ende der Straße. Ihr Inneres zeigt in besonders auffälliger Weise die Vermischung von indianischem Glauben und katholischer Missionierung. 🗺 P11

INSIDER-TIPP
Durch die Blume gesagt

8 CHIAPA DE CORZO & CAÑÓN DEL SUMIDERO

55 km westlich von San Cristóbal/ 1 Std. mit dem Auto

Das charmante Kolonialstädtchen Chiapa de Corzo an den Ufern des Río Grijalva hat eine lebhafte *plaza* und einige tolle alte Gebäude, darunter das *Santo-Domingo-Kloster*. Im Ort kann man die schönsten Lackarbeiten des

In vielen Dörfern von Chiapas findest du farbenprächtige gewebte Textilien

Landes kaufen. Das *Museo de la Laca* (Mo–Fr 8–18 Uhr | ⏱ *30 Min.)* am Hauptplatz dokumentiert deren phantastische Vielfalt.

Chiapa de Corzo ist auch Ausgangspunkt für eine mehrstündige Tour auf dem *Río Grijalva* in den *Cañón del Sumidero. Lanchas* genannte Schnellboote starten in rascher Folge, sobald genügend Passagiere zusammengekommen sind. Ein Erlebnis, das es in sich hat: Senkrecht ziehen sich die Felswände der Schlucht in die Höhe, an manchen Stellen bis zu 1000 m hoch. Man fühlt sich ganz klein und unbedeutend angesichts dieser dramatischen Umgebung. Schwarzkopfgeier hocken auf Baumstämmen, ein betagtes Krokodil watet schwerfällig vom Ufer ins Wasser. Der Bootsführer zeigt auf weitere Vögel und auf Stromschnellen. Mit der untergehenden Sonne geht es wieder zurück.

INSIDER-TIPP

Mexikosounds am Wasser

Am Anleger locken mehrere nette Restaurants mit Flussblick und Marimbamusik. 📖 *O11*

9 TENEJAPA

30 km nordöstlich von San Cristóbal/ 1 Std. mit dem Taxi

Die von Bergen umgebene Siedlung der Tzeltalindianer ist bekannt für ihre einzigartigen traditionellen Webarbeiten, die mit Pflanzenfarben gefärbt sind. Die von einer Frauenkooperative gefertigten Gürtel und Decken werden während der ganzen Woche angeboten, noch größer ist die Auswahl am Sonntag, dem Markttag. 📖 *P11*

Aus dem 7. Jh. stammt die riesige Zeremonialstätte der Maya in Palenque

PALENQUE

(📖 P11) **Besonders eindrucksvoll an diesen Mayapyramiden, die zu den berühmtesten ganz Mexikos gehören, ist ihre Lage in etwa 200 m Höhe in dichtem Dschungel auf künstlich angelegten Terrassen am Ufer des Flusses Otulum – weit entfernt von den typischen Rundreiserouten der Veranstalter.**

Vom Rand des tropischen Regenwalds, der die Pyramiden, Tempel und Paläste umschließt, schaust du über die fast endlos erscheinende Ebene zum Golf von Mexiko in Richtung der 150 km entfernten Großstadt Villahermosa. Neben dieser landschaftlich herausragenden Lage sind es die teilweise hervorragend erhaltenen Dekorationen der Bauwerke, die jeden begeistern. Die archäologische Stätte liegt etwa

8 km von der wenig attraktiven Stadt Palenque entfernt, deren 53 000 Ew. ganz auf den Tourismus eingestellt sind.

SIGHTSEEING

RUINAS DE PALENQUE ⭐

Die Unesco-Welterbestätte beeindruckt mit ihren uralten Mayapyramiden mitten im Regenwald. Hier kannst du früh am Morgen Papageien und Tukane sehen und hörst die Brüllaffen schreien. Dein Rundgang durch die Tempelanlage sollte ohnehin möglichst früh beginnen, weil es in Palenque mittags sehr schwül wird. Regenjacke und Insektenschutzmittel gehören im Sommer zur Besichtigung dazu. Die heutige Gestalt der Anlage geht auf das 7. Jh. zurück. Um 642 begannen die Maya mit dem Aufbau der riesigen Zeremonialstätte, 300 Jahre später verließen sie den Stadtstaat, ohne dass man Hinweise auf die Gründe fand.

Zum einzigartigen *Tempel der Inschriften (Templo de las Inscripciones),* einer 21 m hohen Stufenpyramide, führt eine steile Treppenanlage über acht Plattformen. Fünf Eingänge zieren den Tempel, an dessen mittlerer Wand 617 Hieroglyphen prangen. Diese gaben dem eindrucksvollen Gebäude seinen Namen. Ein 1949 entdeckter Schacht führte den mexikanischen Archäologen Alberto Ruz Lhuillier durch das Innere der Pyramide zu einer unter der Erdoberfläche gelegenen *Krypta (Zutritt nur noch mit Ausnahmegenehmigung).* In einem steinernen Sarkophag lag der Priesterherrscher Pakal (615–683 n. Chr.) begraben.

Ein wundervoller Blick ergibt sich vom Eingangsbereich des Tempels auf den gegenüberliegenden Großen Palast *(El Palacio).* Dieser ist der größte Gebäudekomplex der Anlage. Auf einer über 100 m langen Plattform gruppieren sich zahlreiche Bauten um vier Innenhöfe. Ein gut 15 m hoher Turm *(Observatorium)* kann von Schwindelfreien erklommen werden. Im gesamten Palastbereich, der auch Wohn- und Baderäume umfasst, sind Reste von Stuckdekorationen und farbigen Bemalungen zu erkennen. Hinter dem Palast stößt du auf den unterirdischen Aquädukt der Maya, mit dem der Otulum kanalisiert wurde.

Jenseits des Flusses liegen auf Hügeln drei zauberhafte Bauten, darunter der Tempel der Sonne *(Templo del Sol),* der über einen sehr gut erhaltenen Dachkamm *(crestería)* verfügt. Seinen Namen erhielt das 692 errichtete Gebäude von einem Sonnenrelief, das die Rückwand des Tempels ziert.

Wenn du ans andere Ufer des Flusses zurückkehrst, findest du auf dem weiteren Weg durch die Zeremonialstätte die Nordtempel, fünf Gebäude in einer Reihe. Davor liegt ein spektakulärer Bau, der Tempel des Grafen *(Templo del Conde),* benannt nach dem österreichischen Mayaforscher Graf Friedrich von Waldeck, der mehrere Jahre mit seiner Gefährtin auf dem Dach des gut erhaltenen Bauwerks campierte. Seit man 1994 unter dem Tempel XIII (westlich neben der Pyramide der Inschriften) einen weiteren Sarkophag aus dem Jahr 700 mit dem Skelett einer Person mit einer Jademosaikmaske und Edelsteinschmuck entdeckte *(La Reina Roja),* werden die Ausgrabungen verstärkt fortgesetzt. *Tgl. 8–17 Uhr | ⏱ 4 Std.*

ESSEN & TRINKEN

BAJLUM

Prähispanisches Fusion-Food? Wer kein Mayafondue (mit Wildschwein und Reh) mag, wählt eines der Gemüsegerichte. Zuvor genießt man einen toll zubereiteten Cocktail, das knusprig-warme Fladenbrot als Appetizer und die edel gestylte tropische Location. *Carretera Ruinas km 2,8 | Tel. 91 61 07 85 18 | €€€*

ITALIAN COFFEE COMPANY

Klimagekühlte Oase, in der es nach frisch gemahlenem Kaffee duftet und wo der Cappuccino in kleinen Porzellantassen mit steifer Milchschaumhaube serviert wird. Dazu gibts ofenwarme

Brioches. Die üppigen Sundae-Eisbecher sind um Längen besser als die Versionen bekannter Fast-Food-Ketten. *Jiménez 12 | Tel. 91 63 45 28 12 | €*

RUND UM PALENQUE

🔟 WASSERFÄLLE VON AGUA AZUL ⭐

65 km südlich von Palenque/1½ Std. mit dem Bus

Anhalten ist hier Pflicht: Auf dem Weg Richtung San Cristóbal de las Casas führt ein 4 km langer Abzweig zum wohl schönsten Wasserfall des Landes, genauer gesagt zu unzähligen Wasserfällen, die während der Regenzeit über eine Strecke von 7 km hellblau durch das dichte Grün sprudeln. Die Vegetation ist üppig, die Wege matschig. Du läufst an den zahlreichen Kaskaden entlang über einfache Brücken und Steinplatten. Hier solltest du Badesachen tragen und ein Handtuch dabeihaben, denn im Wasser kannst du kurz untertauchen. Wanderer·finden unterwegs immer wieder malerische Plätze für ein Picknick. Auch einfache Restaurants und Erfrischungsstände gibt es. 📖 *P11*

🔟🔟 YAXCHILÁN

3 Std. mit dem Auto nach Frontera Corozal 165 km südöstlich von Palenque, dann 1 Std. im Langboot

Die Stätte gilt neben Palenque als bedeutendste im Süden Mexikos. Umgeben von Regenwald, gruppieren sich rund 100 Bauwerke um das Ufer des Usumacinta-Stroms. Das Zentrum der Mayaanlage (500–900 n. Chr.) ist ein Platz mit lang gezogenen, rechteckigen Gebäuden sowie einem Ballspielplatz. Die detailgetreu erhaltenen Friese und Skulpturen auf den Gebäuden brachten den Mayaforschern neue Erkenntnisse. Auf einer Skulptur zieht sich eine kniende Frau eine mit Dornen besetzte Kette durch die Zunge – eine offenbar übliche Form des Opfers durch Kasteiung. Reliefartig abgebildet wurden die Fürsten von Yaxchilán, ganz dem damaligen Schönheitsideal entsprechend: mit extrem abgeflachter Stirn und gebogener Nase. Am schönsten ist ein Besuch in den frü-

Die Wasserfälle von Agua Azul machen mit ihrem Blau ihrem Namen alle Ehre

hen Morgen- oder Abendstunden, um die einmalige Geräuschkulisse des Urwalds wahrzunehmen. *Q11*

🔢 BONAMPAK

145 km südöstlich von Palenque/ 2¾ Std. mit dem Auto

Tropenforscher-Atmosphäre pur: Im Grenzgebiet zu Guatemala liegt mitten im Regenwald diese selten besuchte Mayakultstätte. Der Name bedeutet „bemalte Wände" – die Stätte gilt als einzigartiges Dokument der Monumentalmalkunst der Maya.

Das Zentrum der Anlage bildet eine Akropolis aus elf kleineren Tempeln. Im *Templo de las Pinturas* (Tempel der Malereien) wurden die Wände und Decken der drei gewölbten Säle mit bunten Fresken geschmückt. Zu sehen sind Szenen aus der Zeit von Chaan Muan, der laut Mayakalender um 776 den Thron bestieg. Die Fresken von Bonampak veranlassten die Wissenschaftler, ihre Vorstellung von einer friedfertigen Mayazivilisation aufzugeben: Abgeschlagene Köpfe und Besiegte, die auf ihre Hinrichtung warten, sind ebenso dargestellt wie Menschenopfer.

Der Besuch von Bonampak ist über eine gute Straße möglich (plus 9 km Piste), die auch nach Frontera Corozal führt. Von dort aus fahren Boote nach Yaxchilán. Angebote mit kombiniertem Besuch von Bonampak und Yaxchilán gibt es in den Reisebüros von Palenque. *Q11*

GOLF VON MEXIKO

ERDÖL UND KARIBIK-ATMOSPHÄRE

Einst nahm hier die Kultur der alten Völker ihren Anfang, heute ist die Region bekannt für die Erdölverarbeitung. Ausländische Besucher gibt es bislang nur wenige: Die Küste des Golfs von Mexiko steht für Reisen abseits der Besucherströme, ist aber auch ziemlich beschwerlich. Feuchtheißes Klima und wenig touristische Infrastruktur prägen die Gegend, auch schöne Strände gibt es nur wenige entlang der von Sümpfen zergliederten Küste. Warum also hierher reisen?

Geometrie-Meisterwerk aus dem 6. Jh.: Nischenpyramide der Tempelanlage El Tajín

Weil die Golfküste Geschichte hat: Hier traf die Neue auf die Alte Welt, hier betrat der Eroberer Hernán Cortés zum ersten Mal amerikanischen Boden. Und: Keine *plaza* in Mexiko ist berauschender, karibischer als die von Veracruz. Hier siehst du Paare den klassischen *danzón* tanzen. In der Nachbarschaft von Erdölraffinerien der Neuzeit liegen alte Zeremonialstätten. Erst die Suche nach dem schwarzen Gold führte zur Entdeckung des Kultzentrums der Olmeken, der ältesten der Kulturen Mittelamerikas.

GOLF VON MEXIKO

Poza Rica
3 El Tajín ★

Martínez de la Torre

Misantla

Zaragoza

Altotonga

250 km/4 Std.

Perote

2 Xalapa

Guadalupe
Victoria

Palmar
de Pérez

1 La Antigua

Huatusco
de Chicuellar

Paso
de Ovejas

Córdoba

Orizaba

Cuacnopalan

Cuitláhuac

Jamapa

Veracruz
S. 130

Plaza de Armas ★

Alvarado

Tehuacán

Tlacotalpan **4**

*95 km,
2 Std.*

Ángel
R. Cabada

Tierra Blanca

San Sebastián
Zinacatepec

Cosamaloapan

Papaloapan

Huautla de Jiménez

Tres Valles

Loma Bonita

Tuxtepec

Isla

O A X A C A

Asunción Nochixtlán

San Pablo Huitzo

50 km
31.08 mi

Oaxaca

Tlacolula

MARCO POLO HIGHLIGHTS

★ **PLAZA DE ARMAS IN VERACRUZ**
Packende karibische Atmosphäre bis in die frühen Morgenstunden erleben ➤ S. 130

★ **EL TAJÍN**
Das Geheimnis der Nischenpyramide konnte bisher noch niemand lüften ➤ S. 132

★ **CICOM IN VILLAHERMOSA**
Schätze der Maya und Azteken, toll präsentiert in diesem archäologischen Museum ➤ S. 134

★ **PARQUE MUSEO LA VENTA**
Ein tropischer Park in Villahermosa mit Regenwaldtieren und den Monumental-köpfen der Olmeken ➤ S. 134

Gulf of Mexico

466 km, 5 Std.

Bahía de Campeche

5 Catemaco

Paraíso

Coatzacoalcos

Sánchez Magallanes

Hacienda La Luz 6

Parque Museo La Venta ★

Cicom ★

Minatitlán

Las Choapas

Cárdenas

Villahermosa
S. 134

Texistepec

VERACRUZ

Estación Chontalpa

Chimalapa 2da

Pichucalco

San Miguel del Rio

Poblado 10 (La Chinantla)

Raudales Malpaso

Rayón

Curba del caracol

Las Maravillas

VERACRUZ

(🗺 M–N10) **Mexikos Tor zur Welt gibt sich als karibisch geprägte Metropole. Veracruz ist die älteste Hafenstadt des Landes (410 000 Ew.) und pflegt seinen Ruf der Leichtlebigkeit und Weltoffenheit.**

Die Mixtur ist aufregend: Barocke Gebäude stehen unter hohen Palmen, Menschen aus Afrika und der Karibik, aus Südamerika und Asien flanieren durch die Straßen. Auf dem Zócalo treffen sich Liebespaare und Marimbaspieler. Zur närrischen Zeit im Februar und März platzt Veracruz aus allen Nähten.

INSIDER-TIPP
Karneval trifft Karibik

Trommeln, Calypsorythmen und heiße Umzüge – nirgendwo in Mexiko wird lauter, schöner, lebhafter gefeiert.

SIGHTSEEING

PLAZA DE ARMAS ⭐

Der Zócalo der Stadt, die *Plaza de la Constitución,* ist ein tropisch anmutender Platz, umgeben von Palmen und üppig blühenden Gewächsen. Unter Arkaden *(portales)* sitzt man in den Abendstunden zusammen und lässt es sich in den zahlreichen Freiluftrestaurants und Cafés schmecken – untermalt von den Klängen der Marimbaspieler. Den Straßenmusikern kannst du aber auch auf einer der zahlreichen Parkbänke lauschen. Der Platz ist umringt von mehreren historischen Gebäuden, darunter die prachtvolle Kathedrale *(La Parroquia)* von 1731.

PLAZA DE LA REPÚBLICA

Den schmalen, lang gezogenen Platz gegenüber dem Hafen säumen öffentliche Gebäude des 19. Jhs.: das Zollhaus *(Aduana Marítima),* das Hauptpostamt *(Correo y Telégrafo)* mit einer üppig gestalteten Fassade und der kachelverzierte Bahnhof *(Estación de Ferrocarriles).* Größtes Gebäude ist das *Registro Civil* an der Westseite.

CASTILLO DE SAN JUAN DE ULÚA

Tonnenweise wurden Gold und Silber zu Zeiten der Spanier auf die Schiffe verladen – kein Wunder, dass die Gewässer vor Veracruz Ziel von Piraten waren. Auf der lang gestreckten Koralleninsel Gallega im Hafen errichteten die Spanier deshalb eine Festung, Schauplatz zahlreicher Schlachten. Im dunkelsten Verlies saß Benito Juárez ein. *Di–So 9–17.30 Uhr | über einen Damm (Verlängerung der Av. Ulúa) oder per Fähre ab Malecón | 🕐 1½ Std.*

ACUARIO DE VERACRUZ

Die größte Attraktion der Stadt: Mexikos bestes Aquarium zeigt Becken mit Haien, Rochen und Meeresschildkröten, auch Pinguine und sogar Seekühe leben hier. *Tgl. 10–19, Fr–So bis 19.30 Uhr | Playón de Hornos | Boulevard Camacho | acuariodeveracruz. com | 🕐 2 Std.*

ESSEN & TRINKEN

Palapa-Restaurants, in denen Fisch und Schalentiere am offenen Feuer gegrillt werden, findest du am *Paseo del Malecón* und am *Boulevard Camacho.*

Karibische Atmosphäre: Auf Veracruz' Plaza de Armas wogt das Leben Tag und Nacht

GRAN CAFÉ DE LA PARROQUIA

Ein Besuch im traditionsreichsten Café von Veracruz macht Laune. Ob Frühstück oder Dinner, dazu gehört immer ein kunstvoll servierter *lechero* (Milchkaffee). *Gómez Farias 34/Malecón* | *Tel. 22 99 32 25 84* | *laparroquia.com* | *€€*

VILLA RICA

Unter einem riesigen *Palapa*-Dach am Strand, umgeben von Einheimischen und Musikgruppen, genießt man eine Riesenauswahl an Fisch und Seafood, zubereitet am Grill oder feurigscharf *a la veracruzana*. *Boca del Río/Av. Mocambo 527* | *Tel. 22 99 22 21 13* | *€€*

RUND UM VERACRUZ

1 LA ANTIGUA

30 km nordwestlich von Veracruz/ 45 Min. mit dem Auto

Reise in die mexikanische Vergangenheit: In dem kleinen Fischerdorf nördlich von Veracruz verstecken sich unter den Luftwurzeln jahrhundertealter Bäume die Reste der *Casa de Cortés*. Was vom Wohnhaus des Eroberers Hernán Cortés übrig blieb, ist frei zugänglich; das schwüle, tropische Klima schafft eine lähmende Atmosphäre. Eine kleine weiße Kapelle wird als erste Kirche der Spanier auf mexikanischem Boden ausgegeben. ▢ *M9–10*

2 XALAPA

110 km nordwestlich von Veracruz/ 1¾ Std. mit dem Auto

Auf 1400 m Höhe, inmitten üppiger Vegetation und umgeben von Kaffeeplantagen, liegt die alte Kolonialstadt (450 000 Ew.) und Hauptstadt des Bundesstaats. Ihre wichtigste Sehenswürdigkeit ist das in eine schöne Parkanlage eingebettete *Museo de Antropología (Di–So 9–17 Uhr | Av. Xalapa | uv.mx/max | ⏱ 1¼ Std.).* Neben dem Museum in Mexiko-Stadt ist es das bedeutendste des Landes. Es zeigt Monumentalskulpturen der Olmeken und Terrakotten sowie Gebrauchsgegen-

stände der Totonaken und Huaxteken, jener drei Kulturen, die die Golfküste prägten.

Unvergesslich ist ein Stopp in der *Fonda El Itacate (Juan Soto 4 | Tel. 22 81 65 06 63 | €–€€),* die beste, traditionsreiche mexikanische Gerichte und Frida-Kahlo-Atmosphäre verbindet. Beim dreigängigen *menu del día* sitzt du mittags zwischen lauter Stammgästen in aufgekratzter Atmosphäre. ▢ *M9*

INSIDER-TIPP
Zwischen Bankern und Truckern

3 EL TAJÍN ⭐

230 km nordwestlich von Veracruz/ 3 Std. mit dem Auto

Dank der abgelegenen Lage triffst du in El Tajín nur auf wenige andere Be-

Sitzt im Museo de Antropología von Xalapa: tönerner Zeuge einer vergangenen Kultur

sucher, besonders morgens ist dann die Stimmung einfach zauberhaft. Die geheimnisvolle Tempelanlage, die vermutlich zwischen 300 und 1100 ihre Blütezeit erlebte, gehört zum Unesco-Welterbe. Einige der Gebäude stammen aus dem 6. und 7. Jh., etwa die 25 m hohe Nischenpyramide *(Pirámide de los Nichos)*. Das siebenstöckige Bauwerk zählt 364 Nischen, zusammen mit dem Tempel auf der Spitze ergeben sich also so viele, wie das Jahr Tage hat. Die quadratisch gestalteten Nischen hatten, so heutige Erkenntnisse, rein ornamentale Bedeutung.

Von den zahlreichen weiteren Tempeln und Pyramiden ist ein Großteil noch nicht freigelegt. Die Totonaken, die damaligen Herrscher der Stätte und Bewohner der Region, schufen auch zehn große Ballspielplätze, um einem blutigen Ritual zu frönen, das stets mit einem Menschenopfer an die Götter endete. *Tgl. 9–17 Uhr | ⏱ 2½ Std. | ⬚ M9*

4 TLACOTALPAN

105 km südöstlich von Veracruz/
1¾ Std. mit dem Auto

Das von den Spaniern als Hafenstadt gegründete Tlacotalpan (7600 Ew.) ist eines der bestgehüteten Geheimnisse des Landes. Mit seiner sanften karibischen und gleichzeitig lebenslustigen Atmosphäre verströmt der Ort einen ganz besonderen Charme. Hier erwarten dich in allen Regenbogenfarben leuchtende Häuser aus der Kolonialzeit, flankiert von hohen Palmen. Die *Casa Lara (tgl. 10–19 Uhr | Av. Cházaro 2 | ⏱ 30 Min.)* stellt private Möbel, Fo-

tos und andere Erinnerungsstücke des mexikanischen Bolero-Komponisten Agustín Lara aus, der in Tlacotalpan geboren wurde und neben zahlreichen romantischen Liedern 1932 auch die Musik zum ersten mexikanischen Tonfilm („Santa") komponierte.

Unternimm einen Bummel entlang des Río Papaloapan, des „Schmetterlingsflusses", wie der drittlängste mexikanische Wasserlauf in der Sprache der Azteken heißt. Mit einer ausgezeichneten Lage am Fluss punktet das farbenfrohe kleine Restaurant *Los Jarochos (Guillermo Chazaro Lagos | Tel. 01288 6 90 09 29 | €)*. Die Ausstattung ist einfach, das Essen bodenständige Hausmannskost und die in gewaltigen Glaskelchen servierten *micheladas* sind eiskalt. ⬚ N10

5 CATEMACO

170 km südöstlich von Veracruz/
3¼ Std. mit dem Auto

Die ganzjährig schwülwarme Stadt (30 000 Ew.) liegt an den Ausläufern der Sierra de los Tuxtlas und am Catemacosee, der den Krater eines längst erloschenen Vulkans füllt. Sie ist ein prima Ausgangspunkt für Besuche des ca. 20 km nordöstlich gelegenen Biosphärenreservats *Reserva de la Biosfera Los Tuxtlas,* eines bislang nur wenig erschlossenen Regenwaldgebiets. Wasserfälle, undurchdringliche Vegetation, steil aufragende Hügel: Es empfiehlt sich, in Catemaco einen ortskundigen Führer zu engagieren, der dich auf dieser Exkursion begleitet.

Nicht verpassen solltest du auch eine Bootstour auf der unergründlich schimmernden, von grünen Hügeln umgebenen *Laguna Catemaco,* bei der auch einige der winzigen Inselchen im See angesteuert werden können. *Lancheros* liegen am Malecón und können als *colectivo,* also mit bis zu sechs Personen, oder auch für eine kleine private Tour gebucht werden.

INSIDER-TIPP
Kongress der Zauberer

Am ersten Freitag im März reisen viele Besucher an, um sich von den in der Stadt lebenden *brujos,* den Heilern und Hexern, von schlechten Energien befreien zu lassen. Ein irres Event! Seit vor über 300 Jahren hier einem Fischer die Jungfrau Maria erschienen sein soll, sind die Einheimischen überzeugt: Catemaco ist ein magischer Ort. Da das ganze Jahr über Schamanen ihre Dienste anbieten, kannst du an jeder Ecke magische Amulette kaufen oder dir die Zukunft weissagen lassen. ⌨ N10

VILLA-HERMOSA

(⌨ O10) **Tabasco ist dank des Erdöls im Golf von Mexiko der reichste Bundesstaat des Landes, der 1564 an den Ufern des Río Grijalva gegründete Ort Villahermosa (340 000 Ew.) seine Hauptstadt.**

Die meisten Reisenden bleiben nur einen Tag, um den weltberühmten La-Venta-Museumspark zu besichtigen. Dabei ist Villahermosa landschaftlich gesehen ein Juwel: Die Stadt hat diverse Seen und gewaltige Parks mit mächtigen tropischen Bäumen, durch die ganze Horden von Brüllaffen turnen. Als Flaniermeile bis in die Nachtstunden angesagt ist die prächtige *Zona Luz,* das alte Zentrum. Die spanischen Häuser wurden sorgfältig restauriert und in hippe Restaurants, Cafés und stylishe Modeläden umgewandelt. Im Norden grenzt der Parque Juárez an.

SIGHTSEEING

CICOM ⭐

Viele Wissenschaftler widmen sich im *Centro de Investigación de las Culturas Olmeca y Maya* der Erforschung der Olmeken- und Mayakulturen und schufen mit dem *Museo Regional de Antropología Carlos Pellicer Cámara* auf vier Etagen eine der angesehensten präkolumbischen Sammlungen. *Di–So 9–17 Uhr | Periférico Pellicer Cámara 511 (am Flussufer) | ⏱ 1½ Std.*

PARQUE MUSEO LA VENTA ⭐

Bei Erdölbohrungen stießen Arbeiter 1938 im 120 km entfernten La Venta auf eine Sensation: 3000 Jahre alte Monumentalskulpturen der Olmeken, der vermutlich ältesten Hochkultur Amerikas, kamen ans Tageslicht – 25 t schwere und bis zu 2,70 m hohe Häupter mit fremdartigen Gesichtszügen, aufgeworfenen Lippen und breiten Nasen. Von La Venta wurden die Kolosse nach Villahermosa gebracht. Auf einem großen Gelände schuf der landesweit angesehene Literat Carlos Pellicer Cámara ein Freilichtmuseum von Weltrang. 33 der Skulpturen wurden in einer Art tropischem Naturpark aufgestellt. Ein Zoo zeigt außerdem die Tiere des Dschungels, dazu eine große Vogelvoliere. *Tgl. 8–16 Uhr | Av. Ruíz Cortines | ⏱ 2 Std.*

RUND UM VILLA-HERMOSA

In der *Zona Luz* gibt es tolle Restaurants zu entdecken. Probier den *pejelagarto,* einen Süßwasserfisch, in diversen Zubereitungen!

LOS TULIPANES

Nach dem Museumsbesuch lockt im CICOM-Komplex mit Blick auf den Fluss regionale Küche aus Tabasco. Leckere Meeresfrüchtecocktails! *Periférico Pellicer Cámara 511 | Tel. 99 33 12 92 17 | €€*

LA CEVICHERÍA TABASCO

Einfach leckere Küche: Ob Tacos mit langsam gegartem Marlin, Maisfladenpizza mit Garnelen oder die hervorragende Ceviche *de la casa. Hernández Mandujano 114 | Tel. 99 33 45 00 35 | €€*

6 HACIENDA LA LUZ

60 km nordwestlich von Villahermosa/50 Min. Autofahrt

Dahin fahren, wo der Kakao wächst? Dann musst du ins nordwestlich gelegene *Comalcalco,* wo nicht nur die Mayaruinen einen Besuch lohnen, sondern auch diese alte Hacienda. Auf der interessanten zweistündigen *Chocotour* erfährst du, wie aus dem Rohprodukt mexikanische Schokolade gemacht wird. Danach kannst du dich im netten Shop umschauen, der tolle Produkte *hecho en Tabasco* bereithält. *Mo–Sa 9, 11 und 13, Shop tgl. 8–20 Uhr | Boulevard Rovirosa 232 | haciendalaluz.mx | ⏱ 3 Std. | ⧉ O10*

Das soll mal Schokolade werden?! Auf der Choco Tour lernst du allerlei Erstaunliches

YUCATÁN

KARIBIKTRAUM MIT MAYAPYRAMIDEN

Auf der karibischen Halbinsel liegen Traumstrände, Pyramiden und Kolonialstädte dicht beieinander. Die Hauptrolle spielt das Meer: Leuchtend türkis spült es in sanften Wellen an die schnee-weißen Palmenstrände. Der Traum von der Karibik – in Yucatán wird er wahr, gepaart mit einer typisch mexikanischen Note. In Cancún und an der sich südlich davon erstreckenden Riviera Maya sowie auf einer Handvoll winziger Robinson-Crusoe-In-selchen findet jeder sein persönliches Paradies.

Mayabaukunst: 365 Stufen führen auf die El Castillo genannte Pyramide in Chichén Itzá

Tauch und schnorchle zwischen Scharen von tropischen Fischen. Vor der Südwestküste Cozumels liegt das legendäre Palancarriff, eine Wunderwelt aus Korallen, Höhlen und Steilwänden. Feiern kannst du in Beachclubs oder auf kultigen Dschungel-Raves. Und das Beste: Nicht weit von den Badeorten entfernt stehen einige der größten und schönsten Pyramiden des Landes. Städte wie Mérida und Campeche faszinieren wiederum mit kolonialen Palästen und hippen Lokalen. Ausführliche Infos findest du im MARCO POLO „Yucatán".

YUCATÁN

Dzilam de Bravo

Buctzotz

Progreso

Sisal

MEX 261

Motul

Mérida ★
S. 141

Hunucma

Umán

MEX 180

Celestún

Tahmek

Kantunil

Tecoh

YUCATÁN

Kopomá

475 km, 5 Std.

Muna de Arana

Mama

Cepeda

MEX 180

1 Uxmal ★

MEX 1845

Dzitbalché

MEX 261

Akil

YUC 18

Tixmehuac

Tenabo

Bolonchen de Rejón

Tzucacab

Peto

Dziuché

Campeche
S. 140

Hopelchén

MEX 188

Alfredo V. Bonfil

CAM 269

Santo Domingo Kesté

Dzibalchén

QUINTANA

CAMPECHE

MARCO POLO HIGHLIGHTS

★ **MÉRIDA**
Alte Kolonialstadt ganz hip: Mérida ver-
eint Marimbamusik auf den *plazas* mit
Designerboutiquen und angesagten
Restaurants ➤ S. 141

★ **UXMAL**
Tempel im Tempel: Die Pyramide des Zau-
berers enthält fünf Kultstätten ➤ S. 143

Constitución

Gulf of Mexico

Río Lagartos

El Cuyo

3 Isla Holbox

Panabá

Colonia Yucatán

Playa Norte

Isla Mujeres ★
S. 147

MEX 1176

Tizimin

Cancún
S. 145

Espita

290 km, 3½ Std.

MEX 295

Leona Vicario

Dzitás

Sisbicchén

MEX 180 D

Popolnah

MEX 305 D

Puerto Morelos

Playa Gaviota Azul

Chichén Itzá ★
2

Valladolid

196 km, 2¼ Std.

Playa Maroma

Playa del Carmen
S. 151

4 Xcaret Park

Tixcacalcupul

7 **Cobá ★**

Xpu-Ha Beach

Cozumel
S. 149

Riviera Maya ★

5 Xel-Há Park

Tihosuco

6 Tulum

Señor

MEX 295

MEX 307

50 km
31.08 mi

Chunhuhub

MEX 184

Felipe Carrillo Puerto

MEX 307

★ **CHICHÉN ITZÁ**
Der Ort, wo die Tolteken die Maya trafen:
eine der großartigsten Pyramidenstätten
Mexikos und ein absolutes Muss ➤ S.143

★ **ISLA MUJERES**
Piña colada unter Palmen: die kleine
„Insel der Frauen" setzt auf karibisches
Flair und junge Atmosphäre ➤ S.147

★ **RIVIERA MAYA**
Dieser Streifen Karibikküste lockt mit Traum-
stränden, coolen Beachclubs, stilvollen
Hotels und jeder Menge Wellness ➤ S.151

★ **COBÁ**
Zwischen Seen und Urwald thront die
höchste Pyramide der Halbinsel – und du
darfst sie besteigen! ➤ S.153

CAMPECHE

(🗺 Q9) **Alles andere als ein Frei-lichtmuseum ist die lebhafte Haupt-stadt (250 000 Ew.) des gleichnami-gen Bundesstaats, die so schön ist, dass man nur ungern wieder weg-fährt.**

Einstöckige koloniale Stadtpaläste, je-der ein Kunstwerk für sich, säumen die kopfsteingepflasterten, im Schach-brettmuster angelegten Straßen. Tolle Boutiquehotels, ausgefallene Mode-läden und ein Haufen Cafés und Res-taurants: Campeches Zentrum ist ein echtes Schmuckstück.

SIGHTSEEING

CENTRO CULTURAL CASA NO. 6

Der koloniale Reichtum der Stadt spie-gelt sich im heutigen Kulturzentrum mit Café, einem spanischen Herren-haus, das meisterhaft restauriert wur-de. Die maurische Fassade besteht aus handgefertigten Fliesen. Ausstel-lungen, Kunst und Folklore. *Mo–Fr 8–21, Sa/So 9–21 Uhr | Calle 57 Nr. 6 (Südseite der Plaza de la Independen-cia) | ⏱ 20 Min.*

STADTRUNDFAHRT MIT DER TRANVÍA

In einem Straßenbahnwaggon geht es auf die einstündige Tour mit vielen Stopps durch das Stadtzentrum, die historischen Viertel und entlang des Malecón (Erklärungen in Englisch und Spanisch). *Abfahrt jede Stunde tgl. 9–21 Uhr ab Plaza de la Independen-cia/Calle 10*

BALUARTE SAN FRANCISCO 👁

Eine von Bastionen *(baluartes)* unter-brochene Wehrmauer umgibt Teile der Altstadt. Im mächtigen, gut erhal-tenen Baluarte San Francisco mit me-terdicken Mauern informiert eine stil-voll präsentierte Dokumentation über die Seeräuber, die einst die Gewässer vor Campeche unsicher machten. Toll ist auch ein Spaziergang auf der Wehrmauer, besonders roman-tisch kurz vor Sonnenuntergang. *Mo–Fr 8–21, Sa/So 9–21 Uhr | Calle 18/Calle 57 | ⏱ 1 Std.*

> **INSIDER-TIPP**
> **Auf der Mauer, auf der Lauer**

ESSEN & TRINKEN

LA PARROQUIA

Ob Frühstück, Mittag- oder Abendes-sen, die „Gemeinde" ist immer eine gute Adresse. Viele lokale Spezialitä-ten. *Calle 55 Nr. 8 | Tel. 98 18 16 25 30 | €€*

LONCHERÍA LAS MAÑANITAS 🌴

Beste regionale Gerichte kann man hier unter den Arkaden mit Blick auf einen Park und in Gesellschaft vieler Einheimischer genießen. Das *agua de horchata con coco* ist spitze und die *sopa de lima* einfach der Hammer. *Calle 49b/Parque IV Centenario | Tel. 98 18 16 75 69 | €*

SHOPPEN

Im *Bazar Artesanal Campeche (Sáinz de Baranda/Calle 51)* findest du eine riesige Auswahl an Kunsthandwerk aus dem Bundesstaat.

Die Türme der Kathedrale: markanter Blickfang über der Plaza Mayor von Mérida

SPORT & SPASS

LUZ Y SONIDO

Campeche war früher Seeräuberziel. Beim abendlichen Spektakel *El Lugar del Sol* wird daran erinnert: Einbeinige Piraten und säbelschwingende Freibeuter tummeln sich auf den uralten Bastionen. Schüsse fallen, aus den Kanonen ertönen gewaltige Schläge und alles ist in dramatisches Licht getaucht: Als Zuschauer erlebst du die wilde Zeit hautnah mit. *Do–Sa 19.30 Uhr | Puerta de Tierra (Calle 18/Calle 59)*

MÉRIDA

(🗺 Q8) **Die alte Kolonialstadt ⭐ Mérida (1,3 Mio. Ew.) begeistert mit ihrer Lebenslust und mit frischem Design in alten Gemäuern.**

Man trifft sich auf den zahlreichen Plätzen oder bummelt auf dem *Paseo de Montejo,* einem prächtigen Boulevard mit stilvollen Herrenhäusern. Schlendere die *Calle 60* mit ihren vielen schönen Gebäuden und Parks entlang, sieh dir die Eingangshalle des eindrucksvollen *Teatro José Peón Contreras* an und setz dich in eines der Cafés im *Parque de Santa Lucía* und genieß das bunte Treiben um dich herum.

SIGHTSEEING

PALACIO DE GOBIERNO

Im Festsaal des Regierungspalasts befinden sich mehrere großartige Malereien von Fernando Castro Pacheco. Auf dem Balkon treffen sich oft die Fotografen, um von hier aus einen Schnappschuss von Kathedrale und Zócalo zu ergattern. *Tgl. 9–16 Uhr | Nordseite der Plaza Grande | ⏱ 20 Min.*

empfunden. Zu sehen gibt es Filme, Fotos und Exponate der Mayakultur. Besonders toll: Auch Alltag und Leben der heutigen Maya werden präsentiert. *Mi–Mo 9–17 Uhr | Calle 60 Norte 299e | granmuseodelmundomaya. com.mx | ⏱ 1½ Std.*

ESSEN & TRINKEN

In Méridas Restaurants serviert man yucatekische Spezialitäten mit karibischem Einschlag.

LA CHAYA MAYA CASONA

Im grünen Innenhof des auf yucatekische Küche spezialisierten Restaurants kannst du unter anderem *chaya* probieren, das spinatähnliche Gemüse der Maya, oder *torta de cochinita,* ein köstliches Sandwich mit in Bitterorangen mariniertem Schweinefleisch. *Calle 55 Nr. 510 | Tel. 99 99 28 22 95 | lachayamaya.com | €€*

MERCADO 60

Toller Street-Food-Markt mit karibischem Flair und Livemusik. Du hast die Wahl zwischen fast 20 Ständen. Der Markt hat sogar eine eigene Spotify-Playlist: Salsa M60. *Calle 60 Nr. 461 | Tel. 99 91 63 89 71 | mercado60.com | €€*

INSIDER-TIPP
Salsa, Baby!

CUNA

Das Trendrestaurant im ersten Stock des Wayam-Hotels serviert exzellente mexikanische und internationale Küche sowie ausgefeilte Cocktails. *Av. Colón 508 | Tel. 99 96 89 22 80 | cuna. mx | €€–€€€*

Hier wird das Tanzbein geschwungen! Méridas Plätze sind Open-Air-Bühnen

MUSEO DE ANTROPOLOGÍA

Das Museum beherbergt Exponate zur Kultur der Maya und anderer präkolumbischer Völker Mexikos. Von unschätzbarem Wert sind vor allem die Opfergaben, die aus dem heiligen *cenote* (einem mit Wasser gefüllten Kalksteintrichter) in Chichén Itzá geborgen wurden. *Di–Sa 9–19, So 10–16 Uhr | Palacio Cantón (Paseo Montejo/ Calle 43) | ⏱ 45 Min.*

GRAN MUSEO DEL MUNDO MAYA

Schon die Architektur dieses Weltklassemuseums ist herausragend: Das Gebäude ist einem Ceibabaum nach-

SHOPPEN

EL AGUACATE

Auf der Suche nach einem originellen Mitbringsel? In diesem Laden wartet eine große Auswahl an farbenprächtigen Hängematten. Wenn du länger in Mérida bist, kannst du dir sogar eine nach eigenen Entwürfen bestellen. *Calle 58 Nr. 604/Calle 73 | Facebook: hamacas.elaguacate*

AUSGEHEN & FEIERN

Straßenverkäufer, Freiluftrestaurants und Salsarhythmen auf der Calle 60: Am ersten Samstagabend im Monat wird auf den Straßen der Innenstadt gefeiert, wenn diese für den Verkehr gesperrt wird. Lust auf Gratismusik? Du hast die Wahl, geh zur 🐖 *Serenata Yucateca (Do 21 Uhr | Parque Santa Lucía, Calle 60/Calle 55)* mit yucatekischer Musik und Tanz oder zur *Noche Mexicana (Sa 20 Uhr | Paseo de Montejo zwischen Calles 47 und 49)* mit Folklore, *Mariachi-* und Marimbamusik.

RUND UM MÉRIDA

🔳 UXMAL ⭐

85 km südlich von Mérida/1¼ Std. mit dem Bus

Früh am Morgen, wenn die Nebelschwaden sich langsam von den Regenwaldbäumen zurückziehen und die ersten Sonnenstrahlen auf die Unesco-Welterbestätte fallen, ist Uxmal ein ganz und gar magischer Ort. Tatsächlich gehören die Pyramiden und Tempel von Uxmal zu den Höhepunkten der späten Mayaklassik. Die Pyramide des Wahrsagers, auch Pyramide des Zauberers *(Pirámide del Adivino bzw. Hechicero)* genannt, 38 m hoch und mit ovalem Grundriss, ist der Star der Anlage. Sie besteht aus fünf Gebäudekörpern, die innerhalb von drei Jahrhunderten entstanden – Hinweis darauf, dass die Maya die Pyramide alle 52 Jahre überbauten. *Tgl. 8–16 Uhr | ⏱ 3½ Std. | 📖 Q9*

🔳 CHICHÉN ITZÁ ⭐

120 km östlich von Mérida/1½ Std. mit dem Bus

Yucatáns ganzer Stolz, die größte und bedeutendste Mayastätte der Halbinsel, wurde ab 400 n. Chr. von den Maya bewohnt und um 1000 vom Volk der Itzá eingenommen. Unter ihrem toltekischen König Quetzalcóatl („Gefiederte Schlange", in der Mayasprache „Kukulcán") kam es zur Verschmelzung von Maya- und Toltekenarchitektur.

Die heute perfekt restaurierte Stätte ist das Ziel von Reisegruppen aus aller Welt.  ==Du solltest gleich nach Öffnung der Eingangstore unterwegs sein und dafür lieber während der Mittagszeit eine lange Siesta einlegen.== Zwischendurch kannst du dir einen Latte macchiato oder einen Espresso im Café des in einem gewaltigen tropischen Park gelegenen, historischen Hotels *Mayaland* gönnen, das du durch einen Nebeneingang in der Nähe der

INSIDER-TIPP
Der frühe Vogel …

Südgruppe erreichst. Wenn die Sonne dann schon tief steht, schaust du dir noch die weniger bekannten Gebäude an.

Zu den archäologischen Schätzen Chichén Itzás gehört die Pyramide des

unglaubliches Schauspiel, das Tausende Menschen anzieht.

Nahe dem Castillo liegt der Ballspielplatz *(Juego de Pelota)*, mit 120 × 36 m nicht nur der größte Mittelamerikas, sondern auch der am besten erhaltene.

Die Chac-Mool-Figur vorm Tempel der Krieger hielt vermutlich einst Opfergaben

Kukulcán *(El Castillo, nicht zu besteigen)*. Über einen Gang an ihrer Nordseite erreichst du einen im Bauch des Gebäudes befindlichen, überbauten Tempel. In zwei Räumen warten die Opferfigur eines Chac Mool sowie ein Jaguarthron auf Besucher. Achte auf die Einfassungen am Fußende der Treppen, Schlangenköpfe mit geöffnetem Rachen. Zweimal im Jahr (um den 21. März und 23. September) erweckt der Schattenwurf der Sonne den Eindruck, als ob sich die Reptilien langsam vom Tempel herabwinden, ein

Quer über den großen Platz gelangst du zum Tempel der Krieger *(Templo de los Guerreros)*, einem von den Itzá überbauten und erweiterten Mayagebäude. Auf einer 12 m hohen Pyramide stehen fein verzierte Säulen, die ursprünglich ein Dach trugen. Das Portal des Mayatempels besteht aus zwei gewaltigen Schlangensäulen. Vor dem Eingang liegt eine Chac-Mool-Figur. Das interessanteste Gebäude der Südgruppe ist die Sternwarte, die auch als Schneckenhaus *(El Caracol)* bekannt ist. Eine schmale Wendeltreppe führt ins Obergeschoss eines Turms. Das Observatorium wurde vermutlich als astronomisches Messgebäude benutzt, um aus der Einstrahlung des Sonnenlichts Regelmäßigkeiten des Jahresablaufs entnehmen zu können. *Tgl. 8–17 Uhr, im Winter Ton-und-Licht-Schau um 19, im Sommer um 20 Uhr | chichenitza.com | ⏱ 1 Tag | 🗺 R8–9*

CANCÚN

(🗺 S8) **Wer Luxus, breite und endlos lange, täglich gesäuberte Sandstrände ebenso wie US-amerikanische Resorthotels mag, ist richtig in Cancún (1 Mio. Ew.).**

Auf einer 25 km langen, L-förmigen Sandbank zwischen Karibischem Meer und der Lagune Nichupté reihen sich die großen Hotelanlagen, oft mit All-inclusive-Angebot, aneinander. Außerhalb der Saison, von Mai bis Ende Oktober, fallen die Preise um die Hälfte. Schicke Malls und Plazas bieten US-Markenklamotten, mexikanisch gestylte Restaurants und Clubs. Wem Strand und Shopping nicht genügen, der besucht präkolumbische Stätten, koloniale Städtchen und Naturparks: Organisierte Bustouren nach Chichén Itzá und Tulum werden in allen Hotels angeboten.

SIGHTSEEING

RUINAS EL REY

Leguane und tropische Vögel sind heute die einzigen Bewohner der alten Mayastätte aus der nachklassischen Epoche (1200–1500) mitten in der Hotelzone. Die insgesamt 47 kleineren Tempel und Gebäudefragmente wurden restauriert, die Fundstücke sind im zugehörigen Museum ausgestellt. *Tgl. 8–17 Uhr | Paseo Kukulcán km 19 | ⏱ 1 Std.*

MUSEO MAYA DE CANCÚN

Lohnend ist der Besuch in diesem engagiert gestalteten, modernen Mayamuseum: An die 400 Fundstücke, die von Ausgrabungen auf der Yucatán-Halbinsel stammen, gibt es zu sehen. Toll sind die Sonderausstellungen, beispielsweise zum *Dia de los Muertos*. *Di–So 9–18 Uhr | Zona Arqueológica de San Miguelito/Paseo Kukulcán km 16,5 | ⏱ 1½ Std.*

ACUARIO INTERACTIVO 👁

Mitten im Shoppingkomplex La Isla liegt das aufwendig gestaltete Aquarium, in dem du Korallenfische, Rochen und sogar Piranhas zu sehen bekommst. Kinder haben hier ihre helle Freude, da sie Mantarochen und Seesterne berühren und Schildkröten füttern dürfen. Wer mag, kann auch ins Wasser steigen und in nächster Nähe zu tropischen Fischen schwimmen! *Tgl. 9–20 Uhr | Paseo Kukulcán km 12,5 | interactiveaquariumcancun. com | ⏱ 1 Std.*

ESSEN & TRINKEN

EL TIGRE Y EL TORO

In dem italienischen Restaurant gibt es nicht nur die besten Pizzen in Cancún, man speist zudem ganz romantisch draußen zwischen tropischem

Grün und Kerzenlicht. *Av. Nader 66 | Tel. 99 88 98 00 41 | Facebook | €€*

LA HABICHUELA

Seit mehr als 30 Jahren sind die karibischen und yucatekischen Spezialitäten hier ein Genuss. Gegessen wird im stylishen Innenraum oder – abends – bei Kerzenlicht im romantischen Patio. *Margaritas 25 (am Parque de las Palapas) | Tel. 99 88 84 31 58 | lahabichuela.com | €€€*

SHOPPEN

Das hübsche, offen gestaltete Shoppingzentrum *La Isla* am Paseo Kukulcán km 12,5 in der Hotelzone lockt mit einer Vielzahl an Boutiquen und immer wieder mit hohen Rabatten und Schnäppchen. Mit der *Marina Puerto Cancún* findest du am Anfang der Zona Hotelera eine weitere hübsche Plaza zum Bummeln und Shoppen.

SPORT & SPASS

VENTURA PARK 🎭

Der Erlebnispark bietet u. a. einen Wasserpark, Ziplines, Kinderkarussells, Virtual-Reality-Spiele und eine Kartbahn. *Di–So 10–17 Uhr | Paseo Kukulcán km 25 | venturapark.com*

STRÄNDE

PLAYA GAVIOTA AZUL 🌴 🎭

Seichtes türkisblaues Wasser und Puderzuckersand erwarten dich an dem geschützten Strand. Durch seinen flachen Einstieg ist er auch für kleinere Kinder bestens geeignet.

AUSGEHEN & FEIERN

COCO BONGO

Der Club schlechthin: Im Zentrum steht eine wilde Show, die von Tänzern und Akrobaten begleitet wird. Das internationale Publikum wird einbezogen und feiert tüchtig mit. Partystimmung pur! *Tgl. ab 9 Uhr | Plaza Forum By the Sea (Paseo Kukulcán km 9,5) | cocobongo.com*

BEACH PARTY COCO BONGO

Tagsüber ist der Beach Club, der zum Coco Bongo gehört, die beste Adresse für Tanz- und Feierwütige. Kultstatus besitzen die Now-or-Never-Partys am Samstagabend. *Di–So 13–18, Sa auch 21–2 Uhr | Plaza Forum By the Sea (Paseo Kukulcán km 9,5) | cocobongo.com*

INSIDER-TIPP
Jetzt oder nie!

RUND UM CANCÚN

🔳 ISLA HOLBOX

140 km bis Chiquilá nordwestlich von Cancún/2½ Std. mit dem Auto, dann 30 Min. Fährüberfahrt

Schneeweiße, naturbelassene Sandstrände, türkisblau schimmerndes Meer, nahezu waagerecht über dem Wasser liegende Palmen, dazu ungeteerte Straßen und gänzlich autofrei: Das karibische Inselchen ist noch ein echtes Robinson-Crusoe-Idyll. Mit dem Fahrrad oder einem Golfcart entdeckst du die etwa 40 km lange und

Ganz entspannt: Auf Holbox' ungeteerten Straßen sind nur Fahrräder und Golfcarts unterwegs

höchstens 2 km breite Isla Holbox (gesprochen „Hohlbosch").

Die größte Attraktion sind die Walhaie, die zwischen Mai und September die Gewässer vor der Insel zum Planktonfressen ansteuern: bis zu 13 m lange und 12 t schwere Riesen, denen man sich mit kleinen Booten nähern kann. Möglich, jedoch von Tierschützern kritisch gesehen, ist auch das Schwimmen mit den *dominos,* wie die größten Fische der Welt wegen ihrer weißen Punkte genannt werden.

Die Tage vergehen mit Schwimmen und Sonnen, zwischendurch paddelt man mit dem Kajak im glasklaren Wasser durch die Mangrovenwälder. Täglicher Fixpunkt ist der Sonnenuntergang, den man mit einem kalten Getränk in der Hand zusammen mit anderen Gästen in einer der Strandbars genießt.

Das beste Frühstück bekommst du im *Painapol (Tiburón Ballena | painapol-breakfast-brunch-vegan-friendly.nego cio.site | kein Tel. | €€)* in der Nähe des Hauptplatzes. Die Açaí-Bowl ist weltklasse! Unbedingt probieren solltest du das La Holboxeña, das Craftbier von der Insel. Das Coconut Porter passt hervorragend zum spektakulären Sonnenuntergang! 📖 S8

ISLA MUJERES

(📖 S8) **Nur 13 km vor der Karibikküste liegt nördlich von Cancún die gerade mal 8 km lange und weniger als 1 km breite** ⭐ **„Insel der Frauen".**

Am Riff vor der Isla Mujeres ist Abtauchen angesagt

Cafés, Fischrestaurants und Boutiquen säumen die Straßen, mit Golfwagen düsen die Urlauber über die Insel. Die Atmosphäre ist leger und karibisch-mexikanisch. Hauptattraktion sind die großartigen Schnorchel- und Tauchgründe. Außerdem ist die Isla Mujeres (13 000 Ew.) nicht nur ruhiger, sondern auch um einiges billiger als Cozumel. Zwar hat sie einen kleinen Flughafen, doch der überwiegende Teil der Besucher kommt mit der Fähre über Punta Sam oder Puerto Juárez.

SIGHTSEEING

PUNTA SUR

An der Südspitze der Insel thront ein kleiner Leuchtturm, ein Restaurant im karibischen Holzhausstil mit tollem Blick über die Küste serviert mexikanische Gerichte. Ein *Park (Mo–Sa 9–17.30 Uhr)* mit modernen Skulpturen erstreckt sich über einen Teil der Fläche – mit phantastischer Aussicht auf die wild schäumende Karibik. Dies ist der östlichste Punkt Mexikos. **INSIDER-TIPP Das erste Licht** Wenn du hier zum Sonnenaufgang stehst, siehst du sie zuallererst im ganzen Land!

ESSEN & TRINKEN

LONCHERIA ALEXIA Y GEOVANNY

Eines von drei typisch mexikanischen Frühstücks- und Mittagsrestaurants. Einfach und lecker! *Av. Guerrero/Mercado Municipal | Tel. 99 81 19 82 70 | €*

GRILL GARDEN

Die besten Steaks der Insel, aber auch Fisch und *fajitas* kannst du hier abends in gemütlicher Atmosphäre im Hof genießen. *Lazo 14 | Tel. 9981516134 | northgarden.com.mx | €€–€€€*

SPORT & SPASS

COZUMEL

SPORT & SPASS

PARQUE GARRAFÓN

Karibische Postkartenidylle mit VIP-Charakter: Im top gepflegten Meerespark im Südwesten der Insel verbringst du einen ganzen Tag mit Schnorcheln, Baden, Ziplining und Kajakfahren. Im Eintrittspreis ist auch der Verleih von Schnorchel und Flossen sowie Liegen inbegriffen. Zwischendurch lässt du es dir in den Restaurants und Cafés gut gehen. Wer nur am Schnorcheln interessiert ist, kommt am nebenan gelegenen Strand *Garrafón de Castilla* erheblich günstiger weg. *Tgl. 10–17 Uhr | Carretera Garrafón km 6/Punta Sur | garrafon.com*

PARQUE LAS TORTUGAS 🚼

Ein schöner, gepflegter Spielplatz, auf dem die Kleinen nach Herzenslust toben können. Es gibt Toiletten und Snacks. *Tgl. 16-22 Uhr | Martínez Ross/ Osorio Godoy*

STRÄNDE

🐦 *Playa Norte* heißt der schönste Strand der Insel: eine türkisblaue Badewanne mit schneeweißem Sand und Palmen. Hier mietest du dir für ein paar Pesos eine Strandliege oder legst dich aufs Handtuch. Der *Green Demon Beach Club* bietet Liegen und Schirme, kühle Drinks und entspannte Reggaemusik, die sich zum Abend hin in tanzbaren Reggaeton verwandelt – perfektes Setting fürs tägliche Highlight, den Sonnenuntergang. Auch Essen und Drinks sind hier spitze.

(🏛 *S8–9*) **Der Unterwasserfilmer Jacques-Yves Cousteau machte die kleine Karibikinsel (45 × 15 km) als Taucherparadies bekannt.**

Tatsächlich kommt heute über die Hälfte der Besucher zum Tauchen nach Cozumel. Die meisten zieht es an das Palancariff, aber auch die Unterwasserhöhlen vor der Chankanaablagune sind für ihre tropische Tier- und Pflanzenwelt bekannt. Täglich wird die Insel (89 000 Ew.) von Kreuzfahrtschiffen angelaufen und von Landgängern überflutet. Ab nachmittags herrschen dann wieder Ruhe und entspannte Atmosphäre.

SIGHTSEEING

MUSEO DE LA ISLA DE COZUMEL

Das kleine Museum nahe der Schiffsanlegestelle von San Miguel zeigt Tauchfunde und Exponate zur Kultur der Maya. Auch ohne Museumsbesuch: Auf der Restaurantterrasse im ersten Stock fühlt man sich wie auf einem Ozeanliner und schaut mit einem kühlen Bier in der Hand auf die Karibik. *Museum Mo–Sa 9–16 Uhr, Restaurant (€) Mo–Sa 7–23, So 7–15 Uhr | Av. Melgar/ Calle 6 Norte | ⏱ 30 Min.*

INSIDER-TIPP
Chillen auf dem Oberdeck

ESSEN & TRINKEN

CASA DENIS

Seit mehreren Jahrzehnten bereitet Familie Angulo köstliche karibischmexikanische Spezialitäten für ihre Gäste zu. Die wackligen weißen Plastikstühle haben selbst Plácido Domingo nicht den Appetit verdorben. *Calle 1 Sur 13 | Tel. 98 78 72 00 67 | casadenis.com | €€*

CERVECERÍA KUSAM
Einen Block vom Meer entfernt hat sich das kleine Brauhaus auf ständig wechselnde Craftbiere und *tacos* spezialisiert. *5a Av./Calle 6 Norte | Tel. 98 71 46 31 21 | €€*

LA PERLITA
Das palmblattgedeckte, offene Fischrestaurant gilt seit den 1980ern als hervorragend. *Catch of the Day,* selbst angebautes Gemüse und Salat, dazu frische Säfte und starke Cocktails: Hier schmeckt es Einheimischen wie Urlaubern. *Calle 10 Norte 499 | Tel. 98 71 19 52 31 | €€*

SPORT & SPASS

CHANKANAAB BEACH ADVENTURE PARK ✿
Action um die Lagune und deren Naturpark: Kajakfahren, Ziplining, Tauchen und Schnorcheln im glasklaren Wasser zwischen tropischen Fischen in allen Farben. *Mo–Sa 8–16 Uhr | 9 km südl. von San Miguel*

STRÄNDE

Von den vielen schönen Karibikstränden sind die beliebtesten *San Francisco (etwa 17 km südl. von San Miguel)* und *San Juan (2 km nördl.).* Am entspannten *Palancarstrand (ca. 19 km*

Mindestens genauso schön wie die Stände ist die Unterwasserwelt vor Cozumel

südl.) gibt es einen schönen Beach-club.

PLAYA DEL CARMEN

(🗺 S8) **Von Cancún zieht sich die MEX 307 parallel zum Meer nach Süden, die Ferienanlagen, Fischer-orte, Buchten und Strände an der Karibikküste sind auf kurzen Stich-straßen zu erreichen.**

Der etwa 140 km lange Abschnitt bis Tulum wird ⭐ *Riviera Maya* genannt. Palmengesäumte, schneeweiße Strän-de, türkisblaues Wasser, eine große Auswahl an Hotels und Pensionen aller Preisklassen, jede Menge coole Strand-bars und tolle Freizeit- und Erlebnis-parks: kein Wunder, dass die Gegend zu den beliebtesten Zielen gehört.

Zentrum der Riviera Maya ist *Playa del Carmen* (305 000 Ew.). Aus dem eins-tigen verschlafenen Dorf ist ein inter-nationaler Badeort geworden, in dem rund um die Uhr gefeiert wird. Mit der Eröffnung von Luxushotels, All-inclu-sive-Resorts und eines Golfplatzes im nahen Playacar zieht Playa del Car-men heute auch ältere, anspruchsvol-le Urlauber an.

Entlang des hellen Strands ziehen sich offene *Palapa*-Restaurants und Cafés sowie Beachclubs. Man spielt Volley-ball, relaxt mit Freunden oder startet zu einer Schnorcheltour. Die kilome-terlang parallel dazu verlaufende „Fifth Avenue" (5a Avenida) ist die Fla-nier- und Einkehrmeile. Hier geht es rund um die Uhr hoch her, trifft man sich zum Frühstück wie zum Tequila Tasting, shoppt in diversen Läden wie in der Mall. Nachmittags steuert man zur Happy Hour die Strandcafés und Clubs an; nach Sonnenuntergang tre-ten dort Bands auf.

SIGHTSEEING

3D MUSEUM OF WONDERS 👥

INSIDER-TIPP
Echt jetzt?!

In dem spaßigen Mu-seum kannst du deine Sinne immer wieder täuschen lassen und tolle Bil-der schießen. *Tgl. 10–20 Uhr | 10a Ave. Norte/Calle 10 Norte | 3dmuseum ofwonders.com*

ESSEN & TRINKEN

100 % NATURAL

Eine Oase der Ruhe mitten in der Hek-tik der Quinta Avenida. Im wunder-schönen, begrünten Innenhof kom-men auch Vegetarier und Veganer voll auf ihre Kosten. *5a Av. 209 | Tel. 98 48 73 22 42 | 100natural.com | €€*

STRÄNDE

Der berühmte feine, weiße Sand-strand von Playa del Carmen erstreckt sich kilometerweit nach Norden und Süden. Im Bereich der Stadt (vom Fähranleger etwa 3 km nach Norden) liegen diverse Beachclubs – sowohl von den Hotels betriebene als auch öf-fentliche. An diesem belebten Strand-abschnitt findest du zahlreiche Was-sersportangebote, darunter Tauchen und Schnorcheln.

PLAYA MAROMA 🌴

20 km nördlich von Playa del Carmen, zwischen dichten Palmenhainen, vereinzelten Luxus-Hideaways und smaragdgrünen Karibikfluten liegt dieser topgepflegte Traumstrand.

XPU-HA BEACH 🌴

Abgesehen von den nahen Luxushotels triffst du hier, am breiten und schneeweißen Strand, kaum andere Badegäste. Noch dazu ist das Wasser glasklar. *28 km südl. von Playa del Carmen bei Puerto Aventuras*

Nur für Schwindelfreie: 128 Stufen führen auf die Pyramide in Cobá

COCO BONGO

Ein Meer von Seifenblasen, Lasershows, Akrobatik, dazu coole Liveshows. Teuer, aber gut. *Calle 12 Norte/Av. 10 Norte | cocobongo.com.mx*

RUND UM PLAYA DEL CARMEN

4 XCARET PARK 👥

10 km südlich von Playa del Carmen/20 Min. mit dem Auto

Tropische Falter im Schmetterlingsgarten sehen und eine abenteuerliche Floßtour machen, zwischen bunten Fischen schnorcheln, riesige Wasserschildkröten bestaunen, Seepferdchen im Aquarium angucken, mit Schwimmweste und Flossen durch einen unterirdischen Fluss paddeln, bei einer *charreada,* den mexikanischen Reiterspielen, dabei sein und abends die großartige mexikanische Folkloreshow erleben: Der älteste und teuerste der Ökoparks (s. S. 24) bei Playa del Carmen, ist auch der schönste und der mit den meisten Aktivitäten. *Tgl. 8–21 Uhr | xcaret.com |* 📖 *S8*

5 XEL-HÁ PARK 👥

50 km südlich von Playa del Carmen/40 Min. mit dem Auto

Ein weiterer Natur- und Freizeitpark, in dem der Tag wie im Flug vergeht, wenn du umgeben von Mangroven in glasklaren Lagunen schnorchelst, in Unterwasserhöhlen schwimmst oder vom Leuchtturm hoch über der Karibik den Überblick gewinnst. Zwischendurch gehts in All-inclusive-Restaurants mexikanisch essen und später ab zur Zipline. *Tgl. 8–18 Uhr | xelha. com | ⊞ S9*

6 TULUM

65 km südlich von Playa del Carmen/ 50 Min. mit dem Auto

In einmaliger Lage auf einer Kalksteinklippe hoch über der Karibik thronen die Pyramiden von Tulum. Mexikos einzige Mayaanlage am Meer stammt aus der postklassischen Epoche und wurde erst ab 1000 erbaut, vermutlich als Handelshafen an der Ostküste. Zur Landseite ist sie mit einer mächtigen Mauer umgeben, ein Verteidigungswall, zu dem einst noch ein Wehrgang gehörte. Als religiöses Zentrum der Maya war Tulum noch bei der Ankunft der Spanier bewohnt. Das schönste Gebäude, das von Ansichtskarten jedem Mexikobesucher bekannte *El Castillo*, ragt an der höchsten Stelle der Anlage über den Klippen auf. Geh um das Bauwerk herum, eine (mitunter gesperrte) Holztreppe führt hinunter zum Strand. *Tgl. 8–17 Uhr | ⏱ 2½ Std.*

Tulum ist heute ein angesagtes Ziel junger, gut betuchter Reisender, die das exquisite Spa-Angebot nutzen und sich zu Partys treffen. Am weißen Karibikstrand entstanden Dutzende stylishe, im Ethnostil designte und mit Palmblättern gedeckte Hotels. Was so einfach, teils sogar primitiv aussieht, kostet während der Saison Hunderte von US-Dollar pro Übernachtung. Spitze ist das ☂ *Maya-Spa (Maya Tulum Retreat | Carretera a Boca Paila | mayatulum.com),* das morgendliche Yogastunden, Massagen sowie weitere Treatments anbietet und auch ein *temazcal,* eine indianische Schwitzhütte, besitzt. Damian Lazarus und andere DJ-Superstars legen von November bis März bei Jungle Raves und Partys am Meer auf. *⊞ S9*

INSIDER-TIPP

Raven, was das Zeug hält

7 COBÁ ⭐

110 km südwestlich von Playa del Carmen/1½ Std. mit dem Auto

Eine der weniger bekannten Pyramidenstätten: In dichtem Urwald und zwischen fünf Dolineenseen liegen die noch wenig erforschten Ruinen von Cobá. Erbaut wurde die Zeremonialstätte während der klassischen Mayaperiode von 600 bis 900. 50 000 Menschen sollen hier gelebt haben.

Fünf Gebäudegruppen können besichtigt werden. Zunächst passierst du die zwischen zwei Seen ruhende Gruppe Cobá. Sie wird beherrscht von der 24 m hohen Pyramide *La Iglesia.* Fast doppelt so hoch ist die zur 2 km nordöstlich gelegenen Gruppe Nohoch Mul gehörende Pyramide *El Castillo.* 128 Stufen führen zur Spitze. Sie zu bezwingen, lohnt sich nicht nur wegen des Rundblicks, sondern auch wegen des Tempels auf der Plattform. Wer an unrestaurierten, von Kletterpflanzen bewachsenen Ruinen interessiert ist, besucht die drei weiteren Gruppen *Las Pinturas, Macanxoc* und *Chumuc Mul. Tgl. 8–16 Uhr | ⏱ 3 Std. | ⊞ R8*

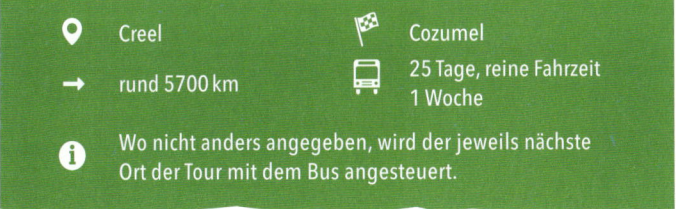

ERLEBNIS TOUREN

Lust, die Besonderheiten der Region zu entdecken? Dann sind die Erlebnistouren genau das Richtige für dich! Ganz einfach wird es mit der MARCO POLO Touren-App: Die Tour über den QR-Code aufs Smartphone laden – und auch offline die perfekte Orientierung haben.

❶ MEXIKO PERFEKT IM ÜBERBLICK

- ➤ Mit dem Zug durch „Mexikos Grand Canyon"
- ➤ *Café con leche* auf der kolonialen Plaza trinken
- ➤ Einkaufen beim indianischen Händler

📍	Creel	🏁	Cozumel
→	rund 5700 km	🚌	25 Tage, reine Fahrzeit 1 Woche
ℹ	Wo nicht anders angegeben, wird der jeweils nächste Ort der Tour mit dem Bus angesteuert.		

TAG 1–3
❶ Creel
10 Std.
❷ Los Mochis

Von ❶ **Creel** *bringt dich die legendäre Chepe-Eisenbahn* durch alle Klimazonen des Landes, die Wildnis der Sierra Madre und die Kupferschlucht **Barranca del Cobre** ➤ S. 106 *nach* ❷ **Los Mochis** am Pazifik. Übers

Einfach QR-Code scannen und alle Karten & Infos zu unseren Touren auch unterwegs parat haben!
go.marcopolo.de/mex

Nächster Halt Kupferschlucht: Am Zug warten Tarahumara-Souvenirverkäuferinnen

Wasser geht es dann *mit der Fähre nach La Paz in Baja California und mit dem Bus weiter an die Südspitze der Halbinsel,* in die Wüstenmetropole ❸ Cabo San Lucas ➤ S. 99 mit Traumstränden und meterhohen Kandelaberkakteen in der Umgebung.

Mit der Fähre gelangst du zurück zur Pazifikküste nach ❹ Mazatlán ➤ S. 80. Lass dir in der Hauptstadt des Garnelenfangs die *gambas a la plancha* nicht entgehen. In ❺ Puerto Vallarta ➤ S. 82 locken internationales Strandleben und ein Ausritt in den Dschungel ebenso wie die koloniale Altstadt.

UND JETZT AUF INS HOCHLAND
Im Hochland liegt ❻ Guadalajara ➤ S. 71 mit prächtigen Palästen der Kolonialzeit. Highlight ist u.a. das ehemalige Waisenhaus Instituto Cultural Cabañas, wo dich das berühmte *mural* von José Clemente Orozco in der Kuppel beeindrucken wird.

Lebensart und Charme verrät die jahrhundertealte Architektur in ❼ Guanajuato ➤ S. 66. Einige der engen Straßen führen unter die Erde, durch den stillgelegten Flusslauf und ehemalige Bergwerksschächte. Auf den

410 km

❸ Cabo San Lucas

TAG 4-7

630 km

❹ Mazatlán

439 km

❺ Puerto Vallarta

TAG 8

346 km

❻ Guadalajara

TAG 9

277 km

❼ Guanajuato

Flair im Süden: Vor Oaxacas Dominikanerkloster werfen Flammenbäume ihre Schatten

zahlreichen *plazas* speist man mittags genussvoll unter Einheimischen.

TAG 10–11

77 km

8 San Miguel de Allende

72 km

9 Querétaro

KOLONIALCHARME GENIESSEN

In der Künstlerhochburg **8** San Miguel de Allende ➤ S.64 locken Cafés, Restaurants und Hotels mit altspanischem Flair, das durch die internationalen Besitzer mit extravagantem Design ergänzt wird. Im benachbarten **9** Querétaro ➤ S. 62 führt dich der erste Stadtspaziergang zu den Arkadenrestaurants; danach lässt du dir von einem Guide erklären, was es mit dem großartigen Convento de la Cruz auf sich hat.

TAG 12–13

227 km

10 Mexiko-Stadt

EINE MARGARITA IN MEXIKO-STADT

Das Centro Histórico von **10** Mexiko-Stadt ➤ S. 44 ist Unesco-Welterbe. *Der Prachtboulevard Paseo de la Reforma führt dich zum* Museo Nacional de Antropología – absolutes Muss, um einen ersten Eindruck von den präkolumbischen Kulturen Mexikos zu erhalten. Abends darf es dann eine *margarita* in einer coolen Bar sein.

VON ZAPOTEKENTEMPELN UND MAYAPYRAMIDEN

Von Mexiko-Stadt erreichst du ⑪ Oaxaca ➤ S. 112 *mit dem Flugzeug.* Indianische Kultur und koloniale Bauten prägen die alte Stadt, wo du zum Museo de las Culturas de Oaxaca im stimmungsvollen alten Dominikanerkloster bummelst. *Nur 10 km südwestlich* thront spektakulär auf einer abgetragenen Bergkuppe die präkolumbische Zeremonialstätte Monte Albán, die mit ihren gewaltigen Pyramiden und Tempeln beeindruckt.

⑫ San Cristóbal de las Casas ➤ S. 117 ist für die in den umliegenden Dörfern lebenden *indígenas* das kulturelle und wirtschaftliche Zentrum. Zum Na-Bolom-Museum pilgern alle an der indianischen Kultur Interessierten. Im dichten Regenwald liegen *200 km nordöstlich* die Mayapyramiden und -tempel des legendären ⑬ Palenque ➤ S. 122.

Von Palenque aus fährst du südöstlich in die im Urwald verborgene Mayastätte ⑭ Bonampak ➤ S. 125 und unternimmst eine abenteuerliche Bootsfahrt auf dem

TAG 14–15
417 km
⑪ Oaxaca

TAG 16–18
616 km
⑫ San Cristóbal de las Casas
226 km
⑬ Palenque

TAG 19–21
154 km
⑭ Bonampak

Grenzfluss zu Guatemala ins ebenfalls im Dschungel gelegene präkolumbische ⑮ Yaxchilán ➤ S. 124. Meterdicke Bastionen wiederum bestimmen das Stadtbild von ⑯ Campeche ➤ S. 140. In der stimmungsvollen Altstadt wurden einige der Herrenhäuser aufwendig restauriert und in Museen verwandelt. Bei der abendlichen Show *luz y sonido* wird die wilde Zeit der Piraterie noch einmal zum Leben erweckt.

RHYTHMUS BEWEISEN IN MÉRIDA

Um die zentrale *plaza* von ⑰ Mérida ➤ S. 141 gruppieren sich die schönsten Gebäude der Stadt; am Wochenende treffen sich hier die Bewohner zum Tanzen unter Sternen. Lass dich von der Stimmung anstecken! Von Mérida aus geht es zu den weltberühmten Pyramiden von ⑱ Chichén Itzá ➤ S. 143, die du bei einem mehrstündigen Spaziergang erkundest. Wunderschöne Gästehaciendas laden in der Umgebung zum Übernachten ein.

FINALMENTE: STRANDTAGE IN YUCATÁN

Das nächste Ziel sind ⑲ Cancún ➤ S. 145 und die sich südlich anschließende Riviera Maya. Freu dich auf Bilderbuchstrände, relaxen und genießen am Karibischen Meer. Tags darauf bringt dich die Fähre auf die Insel ⑳ Cozumel ➤ S. 149, deren vorgelagertes Korallenriff ein weltbekanntes Ziel für Taucher ist.

❷ KOLONIALSTÄDTE IM ZENTRALEN HOCHLAND

➤ Das Herz der Pyramide erforschen
➤ Heiße Schwefelbäder genießen
➤ Mit der Pferdekutsche zur alten Hacienda zuckeln

📍 Mexiko-Stadt

🏁 Mexiko-Stadt

🔄 knapp 600 km

🚗 5 Tage, reine Fahrzeit 8–12 Stunden

EIN SCHÖNER ABSTECHER IN DIE PROVINZ

Du verlässt ❶ **Mexiko-Stadt** ➤ S. 44 *in östlicher Richtung und fährst auf der Autobahn MEX 150 D Richtung Puebla* mit großartiger Sicht auf die Vulkane Popocatépetl und Iztaccíhuatl. *Nach ca. 100 km unternimmst du bei San Martín einen Abstecher nach Norden* in das entzückende Provinzstädtchen ❷ **Tlaxcala**. Von der Autobahn führt die Straße in die 2400 m hoch gelegene Hauptstadt (100 000 Ew.) des gleichnamigen Bundesstaats.

Schon bald nach ihrer Ankunft in Mexiko hatten die Spanier hier eine Siedlung errichtet, deren Gebäude in der Altstadt perfekt restauriert bzw. im alten Stil wiederaufgebaut wurden. Am Zócalo steht der **Palacio de Gobierno** mit reich dekorierter Fassade sowie kunstvollen Fenstern und Türen; im Inneren entführen dich *murales* in die Welt der Tlaxcalteken-Indianer. Eine starke Atmosphäre prägt das historische Regionalmuseum, das im alten Franziskanerkloster **Convento de San Francisco** untergebracht ist. Und *2 km östlich der Stadt* erhebt sich auf einem Hügel das **Santuario de Ocotlán**, eine Barockkirche aus dem 17./18. Jh., die wegen ihrer besonderen Schönheit Besucher von weit her anzieht.

TAG 1

❶ **Mexiko-Stadt**

116 km

❷ **Tlaxcala**

35 km

❸ Puebla

TAG 2

13 km

❹ Cholula

UNSCHLAGBARE ALTSTADT

Über die Straße 119 gelangst du dann nach ❸ Puebla ➤ S. 54. Für die Besichtigung der Altstadt kannst du locker einen ganzen Tag veranschlagen. Auch weil man unterwegs immer wieder auf einladende Cafés, stimmungsvolle Restaurants und *plazas* trifft. Ganz klar: Zur Übernachtung sollte es am besten eine Adresse in der Altstadt sein.

EINMAL ZUM MAYAFORSCHER WERDEN

Auf dem Weg *über die MEX 190 gen Süden* ist ein Abstecher nach ❹ Cholula ➤ S. 56 Pflicht: Die dortige große Pyramide hat in ihrem Inneren Gänge, die man betreten kann. Trau dich und erkunde die engen und niedrigen, dunklen Tunnelwege innerhalb der Pyramide. Cholula besitzt auch viele beeindruckende Kirchen. Die berühmteste, Santa María de Tonantzintla, solltest du dir unbedingt anschauen. Im Innenraum sieht alles etwas anders aus als in Europa. Kein Wunder, denn es waren indianische Künstler, die den phantastischen Detailreichtum schufen.

Weiß und wendig: Taxi in Taxco

FRISCH GEBADET ZUM FINE DINING

In ❺ Cuautla (160 000 Ew.) auf 1300 m Höhe bewegst du dich inmitten vieler urlaubender mexikanischer Familien und Paare, die die historischen schwefelhaltigen Bäder um den Río Cuautla herum genießen. Danach kommt das gebügelte Hemd zum Einsatz: Du steuerst die *bei Cuautla liegende* ❻ Hacienda Cocoyoc *(hcocoyoc.com)* an. Die Anlage aus dem 17. Jh. inmitten eines Parks mit Aquädukt und Wasserfall ist zwar etwas in die Jahre gekommen, aber dennoch eines der stilvollsten Hotels Mexikos – hier zu lunchen ist ein kleines Erlebnis!

106 km

❺ Cuautla

10 km

❻ Hacienda Cocoyoc

32 km

Du übernachtest in **❼ Cuernavaca**, der in 1540 m Höhe gelegenen „Stadt des ewigen Frühlings", die schon Alexander von Humboldt schätzte. Das angenehme Klima verlockt zu einem Spaziergang durch das hügelige Cuernavaca zu der *am östlichen Stadtrand gelegenen* **Pyramide von Teopanzolco**. Zum Abendessen hast du die Qual der Wahl unter zahlreichen schönen Restaurants in kolonialen Patiohäusern.

❼ Cuernavaca

ALLES SILBER, WAS GLÄNZT

Von Cuernavaca führt die MEX 95 überwiegend als Autobahn ins südlich gelegene **❽ Taxco ➤ S. 57**. Steile Kopfsteinpflastergassen bringen dich zu Silbergeschäften und Kunsthandwerksmärkten.

Auf dem **Recorrido Ex-Haciendas Mineras de Taxco** *(Buchung im Hotel Posada de la Misión | taxcohotel.com/carretas.html)* ==gelangst du mit einer Pferdekutsche auf dem historischen Camino Real zu ehemaligen Haciendas von Silberminenbesitzern== und zu beeindruckenden Ruinen in nahezu unberührter Natur.

TAG 3

91 km

❽ Taxco

KOLONIALE PRACHT IN BESTFORM

Vor der Rückkehr überwältigt **❾ Toluca** (911 000 Ew.) in knapp 2700 m Höhe noch einmal mit reich dekorierten kolonialen Palästen. Im Zentrum des einstigen aztekischen Tollohkan stehen aufwendig restaurierte Bauwerke aus dem 18. und 19. Jh. Gleich mehrere davon beherbergen heute Museen. Lust auf Kultur? Das inspirierende **Museo José María Velasco** *(Di–Sa 10–18, So 10–15 Uhr | Av. Lerdo de Tejada Poniente 400)* mit Zeichnungen und Gemälden des großen mexikanischen Künstlers lohnt sich. Großartig sind auch die vielen Arkadengänge – besonders kunstvoll an der Plaza Fray Andrés de Castro. Sie bieten nicht nur Schutz vor Sonne und Regen, sondern sind auch ideale Orte für Lieblingscafés. Eine schöne Unterkunft ist das von kunstvollen Gärten umgebene **Quinta del Rey Hotel** *(quintadelrey.com.mx)*. Am nächsten Morgen sind es dann von Toluca *über die Autobahn MEX 15 nur noch knapp 70 km zurück nach* **❶ Mexiko-Stadt**.

TAG 4-5

125 km

❾ Toluca

67 km

❶ Mexiko-Stadt

❸ AUF DER TRANSPENINSULAR IN BAJA CALIFORNIA

➤ Auf Tuchfühlung mit Grauwalen gehen
➤ Endlose Wälder von Kandelaberkakteen fotografieren
➤ Feiern am Ende der Welt

📍	Tijuana	🏁	Cabo San Lucas
→	gut 1900 km	🚗	7 Tage, reine Fahrzeit 27–35 Stunden

ⓘ Die meisten Besucher sind mit Mietwagen oder Camper unterwegs, aber es bedienen auch Komfortbusse die Strecke.

TAG 1

❶ Tijuana

109 km

❷ Ensenada

33 km

❸ Punta la Banda

TAG 2

651 km

Die anstrengende Millionenstadt ❶ Tijuana ➤ S. 98 an der Grenze zu den USA *verlässt du Richtung Süden und gelangst nach gut 100 km* in die Hafenstadt ❷ Ensenada (330 000 Ew.) am Nordende der großen, halbkreisförmigen Bahía Todos los Santos. Du bist zwischen November und März unterwegs? Großartig, denn das ist die beste Zeit für eine Walbeobachtungstour, da dann Grauwale, Buckelwale und auch Finn- und Blauwale die Gewässer vor der Küste als Winterquartier ansteuern. Während der übrigen Zeit kannst du das Wissenschaftsmuseum Caracol *(Di–Fr 9–17, Sa/So 10–17 Uhr | Av. Club Rotario 3 | caracol.org.mx)* besuchen, das sich auf Grauwale spezialisiert hat.

16 km südlich von Ensenada führt ein Abzweig nach Westen auf die Halbinsel ❸ Punta la Banda zum Geysir La Bufadora. Hier wird das Meerwasser in eine Unterwasserhöhle gepresst und schießt als Fontäne nach oben. Übernachten kannst du in Ensenada im Villa Fontana Inn *(hotelvillafontanainn.com),* das im Floridastil aus Holz gestaltet ist.

WO DIE KAKTEEN IN DEN HIMMEL RAGEN

Die Straße nach Süden verläuft bis El Rosario an der Westseite, wendet sich dann ins Landesinnere. Jetzt geht es durch den größten Kakteengarten Mexikos.

Hier in der kargen Wüstenlandschaft findest du sie in allen möglichen Formen und Größen, darunter auch die bis zu 20 m hohe Art Saguaro. *Wieder an der Westküste,* triffst du bei ❹ Guerrero Negro auf den Naturpark Santuario de ballenas de El Vizcaíno, dessen weitläufige Lagunen optimale Möglichkeiten zur Walbeobachtung garantieren. Übernachten kannst du hier im gut geführten Motel The Halfway Inn *(thehalfway innhotel.com-hotel.com).*

❹ Guerrero Negro

COOLE TYPEN MITTEN IM NIRGENDWO

Am nächsten Morgen *durchquerst du auf der MEX 1 die Halbinsel* und erreichst nach rund 150 km ❺ San Ignacio (700 Ew.), eine von Palmenhainen umgebene Oase und frühere Jesuitenmission. Die Atmosphäre mag etwas trostlos erscheinen, doch in den Cafés des Orts triffst du auf coole Typen und Baja-Fahrer, mit denen man schnell ins Gespräch kommt. *An der Ostküste* erreichst du dann ❻ Santa Rosalía. Das 1885 von französischen Bergwerkern gegründete Städtchen bezaubert durch seinen ganz eigenen, provinziellen Charme. Bei einem kalten Bier spülst du dir den Staub aus den Lun-

TAG 3
166 km
❺ San Ignacio

76 km

❻ Santa Rosalía

Bitte nicht streicheln: Whalespotting vor der Baja California

gen und quatschst mit schrägen Leuten über Gott und die Welt. Für die Nacht kannst du z. B. im direkt am Meer gelegenen **Las Casitas Santa Rosalía** *(Tel. 61 51 52 30 23)* einchecken.

TAG 4

399 km

❼ San Carlos

In einem Bogen führt die Straße gut 200 km später wieder hinüber zur Westküste – mach hier einen Abstecher nach ❼ **San Carlos ► S. 103**, *wo sich noch einmal die Gelegenheit bietet, Grauwale zu beobachten. Zum Übernachten empfiehlt sich hier das* **Villas Isabela B & B** *(magdalenabaywhales.com/hotel).*

TAG 5

269 km

❽ La Paz

WÜSTENFEELING BIS ANS MEER

❽ **La Paz ► S. 102** ist der richtige Ort, um vom kristallklaren Wasser aus die wüstenartige, bis an die Küste heranreichende Landschaft zu fotografieren. In der Marina dümpeln stets Ausflugsboote; du wirst von Guides angesprochen, die mit dir eine Tour unternehmen wollen. Das **Hotel Miramar** *(hotelmiramarlapaz.com)* empfängt dich nur 100 m entfernt von der Uferpromenade.

TAG 6–7

189 km

❾ San José del Cabo

33 km

❿ Cabo San Lucas

DAS HAST DU DIR VERDIENT

In ❾ **San José del Cabo ► S. 99** locken unzählige Restaurants, Bars und Cafés zum Genießen. Das *nur noch 32 km entfernte* ❿ **Cabo San Lucas ► S. 99** bildet den

Endpunkt der Tour. Das Gefühl, am Ende der Welt und gleichzeitig an einem echten Hotspot zu sein, ist charakteristisch für den Ort. Genug geschlemmt und gefeiert? Dann nichts wie auf zu einer frühmorgendlichen Jeepsafari, um den Sonnenaufgang in der Wüste zu erleben. Großartig!

❹ VOM HOCHLAND VON CHIAPAS AN DEN GOLF VON MEXIKO

➤ Im Wasserfall baden
➤ Webarbeiten von Indios kaufen
➤ Indiana Jones spielen im Regenwald

📍 Tuxtla Gutiérrez

🏁 Villahermosa

→ gut 500 km

🚗 4 Tage, reine Fahrzeit 10–12 Stunden

ℹ️ In ❾ **Villahermosa** kannst du Mo–Sa mit Mayair *(may air.com.mx)* weiterfliegen nach Mérida – empfehlenswert für alle, die eine Übernachtung im schwülheißen und moskitoreichen Villahermosa vermeiden möchten.

❶ **Tuxtla Gutiérrez**, die Hauptstadt von Chiapas, ist schnell verlassen. Nach einem Rundgang um die Plaza in ❷ **Chiapa de Corzo ➤ S. 120** *bummelst du zum Flussufer* und besteigst dort eines der Boote für eine mehrstündige Tour in den ❸ **Cañón del Sumidero ➤ S. 120** – Kamera bereithalten! *Noch am selben Nachmittag erreichst du dann das herrlich gelegene* ❹ **San Cristóbal de las Casas ➤ S. 117**, sozusagen Mexikos Indiohauptstadt. Man erkennt die Zugehörigkeit der Menschen zu den unterschiedlichen Gruppen an ihrer jeweiligen Tracht. Zahlreiche restaurierte Kolonialhäuser, in denen ab Sonnenuntergang ein offenes Feuer wärmt, versprechen eine romantische Übernachtung.

DIE VERSUNKENE WELT DER MAYA

Es geht abwärts: *von San Cristóbal auf gut 2100 m ins fast 2000 m tiefer gelegene Palenque. Unterwegs führt dich in Ocosingo ein Abstecher nach* ❺ **Toniná** zu einem Zeremonialzentrum der Maya mit kleinem Museum. Wie eine Festung liegt die Pyramide mit dem Haupttempel auf einem Hügel. Die meisten Bauwerke sind noch von dichter Vegetation bedeckt. Die Beson-

derheit von Toniná ("steinernes Haus") sind die diversen Rundsteine und -skulpturen.

WASSERRAUSCHEN IM WALD, GEBRÜLL BEI DEN PYRAMIDEN

60 km vor Palenque liegen abseits der Straße die Wasserkaskaden von ➏ **Agua Azul** ➤ **S. 124**. Such dir ein nettes Plätzchen und pack dein mitgebrachtes Picknick aus! *45 km weiter* stürzt der Wasserfall ➐ **Misol-há** aus 30 m Höhe in einen von dichtem Grün umrahmten See. Gibt es einen romantischeren Ort für ein erfrischendes Bad? Sei vorsichtig, damit du beim Spaziergang auf den schmalen, rutschigen Pfaden, die in nächster Nähe unter der Klippe und hinter den herabstürzenden Wassermassen vorbei durch die Regenwaldlandschaft führen, nicht aus-

Für alle Fotojäger: Im Cañón del Sumidero gibts spektakuläre Motive

rutschst. Im kleinen **Welcome Center** gibt es einen Saft aus Urwaldbeeren, in einfachen Restaurants serviert man dir gebackene Bananen und *tacos*. In ➑ **Palenque** ➤ **S. 122** quartierst du dich dann für zwei Nächte ein, um am nächsten Tag in Ruhe die einzigartigen Bauwerke der Maya bestaunen zu können. Unüberhörbar ist das Gebrüll, das nach Raubkatzen klingt. Aber du kannst dich entspannen, das sind nur Brüllaffen!

WER WAREN NUR DIESE OLMEKEN?

Früh am Morgen verlässt du Palenque, damit genug Zeit bleibt, die geheimnisvolle Kultur der Olmeken in ➒ **Villahermosa** ➤ **S. 134** beim Besuch des Freilichtmuseums im **Parque Museo La Venta** zu ergründen.

INSIDER-TIPP
Ein steiler Hecht

Wer waren die Erbauer dieser rätselhaften, viele Tonnen schweren Skulpturen? Nach einem Mittagessen in tropischer Atmosphäre – pro-bier hier unbedingt mal den *pejelagarto* (Knochenhecht) ! – gibt es zu den Olmeken etwas Aufklärung im tollen **CICOM**-Museum in wunderschöner Lage am Fluss.

➏ **Agua Azul**	
45 km	
➐ **Misol-há**	
28 km	
➑ **Palenque**	

TAG 4	
149 km	
➒ **Villahermosa**	

GUT ZU WISSEN

DIE BASICS FÜR DEINEN URLAUB

ANKOMMEN

ANREISE

Diverse Fluggesellschaften verkehren von Europa nach Mexiko, jeden Tag hast du die Auswahl unter mehreren Flügen. Lufthansa fliegt täglich von Frankfurt nach Mexiko-Stadt und mehrmals wöchentlich von Frankfurt und München nach Cancún, Condor fliegt mehrmals wöchentlich von Deutschland nach Cancún. Auch Wien und Zürich haben eine Direktverbindung nach Mexiko. Für ein Retourticket zahlt man bei Linienflügen je nach Saison ab 700 Euro. Der Flug dauert zehn bis 14 Stunden.

Vom Flughafen Mexiko-Stadt fahren mehrmals täglich Busse nach Cuernavaca, Córdoba, Puebla, Querétaro und Toluca. In der Ankunftshalle im Flughafen von Mexiko-Stadt wird man von einer Reihe illegaler Taxifahrer angesprochen. Deren Angebote solltest du aus Sicherheitsgründen ablehnen, auch wenn sie preislich attraktiv klingen. Am Ausgang befindet sich ein Schalter, wo du ein Taxiticket erhältst. Dort zahlst du feste Preise für unterschiedliche Zonen. In Cancún fährt ADO von Terminal 2 zum Busbahnhof im Zentrum sowie direkt nach Playa del Carmen.

Adapter Typ A

Die Netzspannung in Mexiko beträgt 110 Volt (manchmal 125). Du benötigst einen US-Flachstecker.

AUSKUNFT

Secretaría de Turismo: Av. Presidente Masaryk 172 | Colonia Chapultepec Morales | 11580 México D. F. | Tel. 0052 55 30 02 63 00 | gob.mx/sectur, visit mexico.com

Oldie but Goldie: Dem VW-Käfer begegnest du in Mexiko durchaus noch im Straßenbild

EINREISE

Für die Einreise nach Mexiko benötigst du einen Reisepass und eine Touristenkarte, die du von einem mexikanischen Konsulat oder der Fluggesellschaft bekommst. Eine Kopie verbleibt im Pass, sie muss bei der Ausreise wieder vorgelegt werden.

KLIMA & REISEZEIT

Regenzeit herrscht von Mai bis Oktober. Im zentralen Hochland beschränkt sich der Regen auf Nachmittagsschauer, in Chiapas und an der Karibik regnet es mehr. An der Karibikküste wüten zwischen Juni und November Hurrikane. Sie bringen viel Regen und machen eventuell einen Umzug ins Landesinnere notwendig. Beste Reisezeit sind daher die Wintermonate, wobei du jedoch Weihnachts- und Osterzeit sowie die Wochen der US-*spring break* meiden solltest, da zu diesen Terminen sehr viele Touristen im Land unterwegs

– 7 Stunden Zeitverschiebung

Im Westen minus 8 bzw. 9 Stunden, in Quintana Roo mit Cancún und der Riviera Maya minus 6 Stunden. Sommerzeit vom ersten Aprilsonntag bis zum letzten Oktobersonntag außer in Quintana Roo.

sind. Viele Hotels und Flüge sind dann ausgebucht, Restaurants und Busse überfüllt und die Preise verdoppelt.

WEITER-KOMMEN

MIETWAGEN

Der nationale Führerschein reicht zwar aus, der internationale ist jedoch von

Vorteil, wenn du ein Auto mietest oder in eine Polizeikontrolle kommst. Neben den großen internationalen Autovermietungen gibt es einige preiswerte lokale Firmen, bei denen allerdings eine genaue Prüfung des Fahrzeugs vor der Übergabe unerlässlich ist. Oft ist es günstiger und sicherer, bereits zu Hause zu reservieren. Wer mit dem Mietwagen unterwegs ist, sollte sich peinlich genau an die Verkehrsvorschriften halten. Den Pannendienst *Ángeles Verdes* („Grüne Engel") erreichet man über *Tel. 0 78.*

ÖFFENTLICHE VERKEHRSMITTEL

Die mexikanische Eisenbahn ist nach der Privatisierung fast stillgelegt. Es verkehren nur noch wenige Züge. Der *autobús,* in Mexiko auch *camión* genannt, erreicht praktisch jeden Ort mehrere Male pro Tag. Viele private Busgesellschaften bieten ihre preiswerten Dienste in zwei bis drei Klassen an. Buch stets die beste verfügbare Klasse, z. B. haben *Ejecutivo*-Busse bequeme, verstellbare Sitze und Bordtoiletten. Der Fahrscheinkauf am Vortag ist empfehlenswert. Nachtfahrten solltest du vermeiden, da das Risiko von Diebstählen und Raubüberfällen dann zu groß wird.

Zwischen La Paz (Fährhafen Pichilingüe) in Baja California und dem Fährhafen Topolobampo bei Los Mochis verkehrt *Baja Ferries (bajaferries.com. mx)* siebenmal wöchentlich (Dauer der Überfahrt acht Stunden); eine weitere Fähre geht von La Paz nach Mazatlán (zwölf Stunden).

Die etwa 80 Flughäfen werden von privaten Fluggesellschaften bedient. Wer lange Busfahrten meiden will, hat die Wahl unter den Low-Cost-Airlines *Volaris (volaris.com)* und *Viva Aerobus (vivaaerobus.com).*

TAXI & UBER

Wenn ein Taxameter eingeschaltet ist, ist das Taxifahren sehr preiswert (1 km ca. 1 Euro). Andernfalls den Preis unbedingt vorher vereinbaren (Richtpreise im Hotel erfragen)! In Mexiko-Stadt sollte man die preiswerten ambulanten Taxis (oft VW-Käfer) nicht in der Dunkelheit benutzen. Der Fahrdienst Uber *(uber.com)* ist in vielen größeren Städten eine sichere Alternative zum Taxi.

IM URLAUB

CAMPING

Campingplätze sind meist Plätze für Wohnmobile nach US-Vorbild *(trailer parks).* Richtige Zeltplätze findet man nur selten. Freies Camping solltest du

FESTE & EVENTS
RUND UMS JAHR

FEBRUAR/MÄRZ
Der ⭐ **Karneval** wird ausgelassen mit bunten Umzügen gefeiert, besonders in Veracruz und Mérida.

MÄRZ/APRIL
Festival Centro Histórico (Mexiko-Stadt): Musik, Oper, Tanz, Theater, Kabarett – internationale Künstler treten in Kirchen, Theatern, Palästen, auf *plazas* und in Patios auf.

ZWEI LETZTE JULIMONTAGE
Guelaguetza (Oaxaca), *laguelaguetza oaxaca.com:* In präkolumbischer Tradition werden indianische Stammestänze zum Leben erweckt.

15. AUGUST
Mariä Himmelfahrt wird überall mit Wallfahrten und Tänzen gefeiert.

OKTOBER
Fiestas de Octubre (Guadalajara), *fiestasdeoctubre.com.mx:* Theater, Hallen, Bars und Bühnen werden zu Pilgerzielen für Fans von Folklore und Artistik, mexikanischem Rock und Pop.
Festival Internacional Cervantino (Guanajuato), *festivalcervantino.gob. mx:* Bei Musik, Tanz und Theater auf den Straßen dreht sich alles um Don Quijote.

1./2. NOVEMBER
Todos los Santos und **Día de los Muertos:** An Allerheiligen und Allerseelen lernst du den bizarren mexikanischen Totenkult kennen (Foto).

12. DEZEMBER
Aparición de la Virgen de Guadalupe (Mexiko-Stadt): Wallfahrt zur Kirche der Jungfrau von Guadalupe.

23. DEZEMBER
La Noche de Rábanos (Oaxaca), *oaxaca-mio.com/fiestas/rabanos.htm:* Gärtner präsentieren in der „Nacht der Rettiche" aus Blumen, Obst und Gemüse geformte Figuren der Weihnachtsgeschichte. Dazu gibts Stockfisch.

aus Gründen der Sicherheit unbedingt vermeiden!

EINTRITTSPREISE

In bedeutenden Museen und archäologischen Stätten musst du mit Eintrittspreisen zwischen 7 und 15 Euro, in kleineren Stätten und privaten Museen mit 1 bis 5 Euro rechnen. Der freie Eintritt für archäologische Stätten und staatliche Museen am Sonntag gilt nicht für Touristen, sondern nur für Einheimische und in Mexiko sesshafte Ausländer.

FEIERTAGE

1. Jan.	*Año Nuevo* (Neujahr)
5. Feb.	*Aniversario de la Constitución* (Tag der Verfassung)
21. März	*Natalicio* (Geburtstag) *de Benito Juárez*
1. Mai	*Día del Trabajo* (Tag der Arbeit)
5. Mai	*Aniversario de la Batalla de Puebla* (Gedenktag des Siegs über die Franzosen 1862)
16. Sept.	*Día de la Independencia* (Unabhängigkeitstag)
20. Nov.	*Aniversario de la Revolución* (Gedenktag an die Revolution von 1910)
25. Dez.	*Navidad* (Weihnachten)

FOTOGRAFIEREN

Es lohnt sich, Speicherkarten in Mexiko zu kaufen, da sie hier günstiger sind. In Museen darf man häufig nur gegen Gebühr fotografieren. In archäologischen Stätten kosten das Filmen und die Benutzung eines Stativs jeweils eine Extragebühr. *Indígenas* lassen sich nicht gern ablichten, hol vorher unbedingt ihr Einverständnis ein! In einigen Regionen (z. B. in Chiapas) ist generell beim Fotografieren Vorsicht geboten.

FRAUEN ALLEIN UNTERWEGS

In Mexiko ist das Alleinreisen nicht so einfach wie in Mitteleuropa. Es hat für einige mexikanische Männer u. U. bereits einen gewissen Aufforderungscharakter, wenn eine Frau allein unterwegs ist. Bei einer Anmache ist ein klares und knappes „¡No, gracias!" ohne Lächeln oft hilfreich. Zudem gilt: Wandere nicht allein im Naturpark und am einsamen Strand und setz dich im Bus immer neben eine Frau!

GELD & KREDITKARTEN

Die Abkürzung für den Mexikanischen Peso ($) ist dieselbe wie für den US-Dollar; prüf daher bei Preisschildern stets, welche Währung gemeint ist! Es ist oft nützlich, kleinere Dollarscheine dabeizuhaben. Einen Online-Währungsrechner mit dem tagesaktuellen Wechselkurs findest du z. B. auf *oanda. com.*

Größere Hotels und Autovermietungen akzeptieren die gängigen Kreditkarten, das Gleiche gilt für teurere Geschäfte und Restaurants in den Städten. Die Zahl der Geldautomaten, an denen man mit Kreditkarte und ec-Karte mit Maestrosignet (günstigster Kurs) Bargeld erhält, nimmt zu.

INTERNETZUGANG & WLAN

Internetcafés gibt es mittlerweile kaum noch und wenn, sind deine Daten dort häufig nicht sehr sicher. Wlan gibt es in Hotels, Restaurants und Cafés sowie mittlerweile auch in vielen Gemeinden, häufig im Bereich um den Zócalo. Ein Verzeichnis von Wlan-Plätzen findest du auf *wifimap.io*.

ÖFFNUNGSZEITEN

Mexikanische Supermärkte öffnen früh (meist ab 8 Uhr) und haben abends lange auf. Viele kleinere Geschäfte machen mittags Pause (ca. 13–16 Uhr), gesetzlich geregelte Ladenschlusszeiten gibt es nicht. Aufgrund der Covid-19-Pandemie kann es zu geänderten Öffnungszeiten in Museen und Kulturstätten kommen. Vergewissere dich vorab lieber noch mal, ob dein Ziel auch tatsächlich geöffnet ist und ob du eine Reservierung vornehmen kannst.

POST

Die Post heißt auf Spanisch *correo;* es empfiehlt sich, Ansichtskarten im Hotel in den Briefkasten zu stecken bzw. an der Rezeption abzugeben. Post nach Europa dauert ab einer Woche, mitunter benötigen Karten auch mehrere Wochen.

TELEFON & HANDY

Die Vorwahl nach Deutschland ist *0049,* nach Österreich *0043,* in die Schweiz *0041,* nach Mexiko *0052.* Innerhalb Mexikos gibt es keine Vorwahlen mehr, es ist immer die vollständige, zehnstellige Nummer zu wählen. Am besten nutzt du dein Handy, dann hast du auch gleich Internetzugang. Eine mexikanische Prepaidkarte der Gesellschaft *Telcel (telcel.com),* die du am Flughafen und in jedem Oxxo-Geschäft erhältst, kostet etwa 5 Euro, wobei du einen Teil als Guthaben erhältst. Mit deiner mexikanischen Nummer kannst du dann im Geschäft ein *Paquete Amigo* deiner Wahl kaufen, etwa das für 200 $ (ca. knapp 10 Euro) mit 3 GB, das Telefonieren und die Nutzung von Whatsapp ohne Einschränkung in Mexiko, USA und Kanada ermöglicht sowie ein entsprechendes Datenvolumen enthält, mit dem du im Netz surfen kannst. Öffentliche Telefonzellen gibt es nur noch selten. Bei Telefonaten vom Hotel kommt zu den hohen Gebühren noch eine Luxussteuer hinzu.

TRINKGELD

Im Restaurant sind zehn bis 15 Prozent üblich, falls nicht schon eine *propina* in der Rechnung ausgewiesen ist. Taxifahrer erwarten kein Trinkgeld. Mit 10 Pesos sind kleinere Gefälligkeiten normalerweise ausreichend abgegolten.

WAS KOSTET WIE VIEL?

Kaffee	1,50–2 Euro *für einen café de olla*
Snack	1,50–2 Euro *für einen Taco am Stand*
Bier	2–2,50 Euro *für eine Dose in der Bar*
Souvenir	ab 20 Euro *für eine Hängematte*
Benzin	um 1,10 Euro *für 1 l*
Busfahrt	8–12 Euro *für 100 km in der 1. Klasse*

ÜBERNACHTEN

Jugendherbergen findest du unter *hostelworld.com;* eine Übernachtung kostet 6–10 Euro. Auch B & B hat sich in Mexiko durchgesetzt. Feine kleinere, typisch mexikanische Boutiquehotels haben sich unter *hotelesbouti que.com* zusammengeschlossen. Bei der Suche nach Haciendahotels ist *pri vatehaciendas.com* hilfreich. WWOOF Mexico *(Worldwide Opportunities on Organic Farms | wwooflatinamerica. com)* vermittelt freiwillige Helfer für ökologische Bauernhöfe in ganz Mexiko.

ZOLL

Bei der Einreise sind Waren bis zum Wert von 500 US-$ zollfrei, bei Rückkehr in die EU u. a. 1 l Spirituosen sowie andere Waren bis 430 Euro Warenwert. Verboten ist die Ausfuhr von Antiquitäten und „Bruchstücken" aus archäologischen Stätten. *short.travel/ mex7, zoll.de*

NOTFÄLLE

DIPLOMATISCHE VERTRETUNGEN

- *Deutsche Botschaft Mexiko-Stadt: Av. Horacio 1506 | Colonia Polanco | Tel. 55 52 83 22 00 | mexiko.diplo.de*
- *Österreichische Botschaft Mexiko-Stadt: Sierra Tarahumara Poniente 420 | Colonia Lomas de Chapultepec | Tel. 55 52 51 08 06 | bmeia.gv.at*
- *Schweizer Botschaft Mexiko-Stadt: Torre Óptima | Paseo de las Palmas 405 | Colonia Lomas de Chapultepec | Tel. 55 91 78 43 70 | eda.admin.ch*

KRANKENHAUS

ABC Medical Center: Campus Observatorio | Calle Sur 136 Nr. 116 | Colonia Las Américas | Mexiko-Stadt | Tel. 55 52 30 80 00 | centromedicoabc.com

NOTRUF

9 11 ist die nationale Notrufnummer (Spanisch und Englisch), die kostenlos rund um die Uhr verfügbar ist.

WICHTIGE HINWEISE

GESUNDHEIT

Impfvorschriften für die Einreise gibt es keine. Das Malariarisiko ist sehr gering. Vorsorge gegen Typhus und Hepatitis wird empfohlen. Eine Reisekrankenversicherung mit Rücktransport ist unbedingt ratsam. Sonnencreme und Insektenschutzmittel gehören auf jeden Fall ins Reisegepäck. Gesundheitstipps für Fernreisende gibt es auf *die-reisemedizin.de,* Impfhinweise unter *crm.de.*

Die mexikanische Apotheke heißt *farmacia* und verkauft die gängigen Medikamente meist wesentlich preiswerter als in Europa. Es ist besser, wenn du den Wirkstoff des gewünschten Medikaments kennst, falls dieses einen anderen, mexikanischen Namen hat.

POLIZEI

Kontakt mit der einheimischen Polizei sollte man möglichst vermeiden, da die Polizisten häufig auf ein „Trinkgeld" aus sind. Bei Problemen wendest du dich besser an Beamte der Touristenpolizei (oft in hellblauer Uniform).

SICHERHEIT

In Mexiko-Stadt musst du gut auf dich und deine Habseligkeiten aufpassen: Das bedeutet: nicht mit einem nicht offiziellen Taxi fahren, Wertsachen im Hotel(safe) lassen, wenig Geld und eine Passkopie mitnehmen, besonders aufmerksam im Gedränge von Bus, U-Bahn, Markt oder Busbahnhof sein, Geld und Papiere in einer vorderen Hosentasche tragen. Steig am besten nur in ein bestelltes Funk- oder Hoteltaxi oder ruf ein Uber.

Generell gilt: Mexikanische Großstädte (neben Mexiko-Stadt, Tijuana und Acapulco besonders auch Guadalajara und Veracruz) sind kein ungefährliches Pflaster, vom naiven Partymachen ist dort abzuraten. Konsultier un-

bedingt vor der Reise die Sicherheitshinweise zu Mexiko auf der Website des Auswärtigen Amts *(auswaertiges-amt.de)*.

Leider haben Kriminalität und Gewalt, bedingt durch den lange anhaltenden Drogenkrieg, weiter zugenommen. Besonders die nördlichen, an die USA angrenzenden Bundesstaaten sind betroffen. Aber auch in Guerrero, Jalisco, Michoacán, Veracruz und Zacatecas solltest du dich vorab gut über die aktuelle Sicherheitslage informieren und kein unnötiges Risiko eingehen. Generell solltest du Überlandfahrten mit öffentlichen Bussen auf das Notwendigste beschränken und nach Einbruch der Dunkelheit auch mit einem eigenen Auto nicht unterwegs sein. In Mexiko-Stadt kommt es häufig zu Demonstrationen, die nicht immer friedlich verlaufen. Meide Menschenansammlungen!

WETTER IN MEXIKO-STADT

Hauptsaison
Nebensasion

	JAN.	FEB.	MÄRZ	APRIL	MAI	JUNI	JULI	AUG.	SEPT.	OKT.	NOV.	DEZ.
Tagestemperaturen	19°	21°	24°	25°	26°	24°	23°	23°	23°	21°	20°	19°
Nachttemperaturen	6°	6°	8°	11°	12°	13°	12°	12°	12°	10°	8°	6°
Sonnenschein Stunden/Tag	7	8	7	7	7	6	6	7	6	6	6	6
Niederschlag Tage/Monat	2	1	2	6	9	14	19	18	17	8	3	2

Sonnenschein Stunden/Tag   Niederschlag Tage/Monat

SPICKZETTEL
SPANISCH

SMALLTALK

ja/nein/vielleicht	sí/no/quizás
bitte/danke	por favor/gracias
Hallo!/Auf Wiedersehen!/Tschüss!	¡Hola!/¡Adiós!/¡Hasta luego!
Gute(n) Tag!/Abend!/Nacht!	¡Buenos días!/¡Buenas tardes!/¡Buenas noches!
Entschuldige!/Entschuldigen Sie!	¡Perdona!/¡Perdone!
Darf ich …?	¿Puedo …?
Wie bitte?	¿Cómo dice?
Ich heiße …	Me llamo …
Wie heißen Sie?/Wie heißt du?	¿Cómo se llama usted?/¿Cómo te llamas?
Ich komme aus … Deutschland/Österreich/Schweiz	Soy de … Alemania/Austria/Suiza
Das gefällt mir (nicht).	Esto (no) me gusta.
Ich möchte …/Haben Sie …?	Querría …/¿Tiene usted …?

ZEIGEBILDER

ESSEN & TRINKEN

Die Speisekarte, bitte!	¡El menú, por favor!
teuer/billig/Preis	caro/barato/precio
Könnten Sie mir bitte ... bringen?	¿Podría traerme ... por favor?
Flasche/Karaffe/Glas	botella/jarra/vaso
Messer/Gabel/Löffel	cuchillo/tenedor/cuchara
Salz/Pfeffer/Zucker	sal/pimienta/azúcar
Essig/Öl/Milch/Zitrone	vinagre/aceite/leche/limón
kalt/versalzen/nicht gar	frío/demasiado salado/sin hacer
mit/ohne Eis/Kohlensäure	con/sin hielo/gas
Vegetarier/Vegetarierin/Allergie	vegetariano/vegetariana/alergía
Ich möchte zahlen, bitte.	Querría pagar, por favor.
Rechnung/Quittung/Trinkgeld	cuenta/recibo/propina

NÜTZLICHES

Wo ist ...? /Wo sind ...?	¿Dónde está ...? /¿Dónde están ...?
Wie viel Uhr ist es?	¿Qué hora es?
heute/morgen/gestern	hoy/mañana/ayer
Wie viel kostet ...?	¿Cuánto cuesta ...?
Wo finde ich einen Internetzugang/WLAN?	¿Dónde encuentro un acceso a internet/wifi?
Hilfe!/Achtung!/Vorsicht!	¡Socorro!/¡Atención!/¡Cuidado!
Apotheke/Drogerie	farmacia/droguería
kaputt/funktioniert nicht	roto/no funciona
Panne/Werkstatt	avería/taller
Darf ich hier fotografieren?	¿Podría fotografiar aquí?
offen/geschlossen/Öffnungszeiten	abierto/cerrado/horario
Eingang/Ausgang	entrada/salida
Toiletten (Damen/Herren)	aseos (señoras/caballeros)
(kein) Trinkwasser	agua (no) potable
Frühstück/Halbpension/Vollpension	desayuno/media pensión/pensión completa
Parkplatz/Parkhaus	parking/garaje
Ich möchte ... mieten.	Querría alquilar ...
ein Auto/ein Fahrrad/ein Boot	un coche/una bicicleta/un barco
0/1/2/3/4/5/6/7/8/9/10/100/1000	cero/un, uno, una/dos/tres/cuatro/cinco/seis/siete/ocho/nueve/diez/cien, ciento/mil

URLAUBS FEELING
ZUM EINSTIMMEN & AUSKLINGEN

LESESTOFF & FILMFUTTER

VOM FORSCHER, DER AUSZOG, DAS ZAUBERN ZU LERNEN

Auf der Suche nach Glück und Zufriedenheit lernt Christian Rätsch die Sprache der Lakandonenindianer kennen, lebt mit ihnen in Chiapas und lernt von ihrer Kultur. Ein witziges, ungewöhnliches und auch tiefgründiges Buch von 2008.

VIVA ZAPATA!

Ein Kunstwerk der Filmgeschichte schuf Elia Kazan mit diesem Drama 1951. Das Drehbuch von John Steinbeck lieferte eine historische Abenteuergeschichte für die Hauptdarstel-
ler Marlon Brando und Anthony Quinn.

JAHRE DES JÄGERS

Der 2019 erschienene Abschluss der Trilogie von Starautor Don Winslow um den mexikanisch-amerikanischen Drogenkrieg ist nicht weniger packend erzählt als die beiden Vorgängerbände.

FRIDA

Julie Taymor führte 2002 Regie bei der Verfilmung des exzentrischen Künstlerlebens von Frida Kahlo. In der Hauptrolle glänzt Salma Hayek.

PLAYLIST QUERBEET

0:58

ZOÉ – AZUL
Noch nie was von neopsychedelischer Musik gehört? Diese Rockband ist im ganzen Land bekannt

▶ **JOSÉ ALFREDO JIMÉNEZ** – EL REY
Lied und Text haben sich auf ewig in die Seele Mexikos eingebrannt

▶ **JUAN GABRIEL** – NO TENGO DINERO
Der Großmeister der mexikanischen Musik, einer der besten Sänger und Songwriter der Welt

▶ **JULIETA VENEGAS** – ANDAR CONMIGO
Komposition, Text, Gesang: Dieses Multitalent macht bei seinen Liedern fast alles selbst

▶ **LILA DOWNS** – MEZCALITO
Die kraftvolle Stimme der Sängerin mit mixtekischen Wurzeln verleiht den Liedern mit indigenen Einflüssen eine beosndere Würze

Den Soundtrack zum Urlaub gibt's auf **Spotify** unter **MARCO POLO Mexico**

Oder Code mit Spotify-App scannen

AB INS NETZ

MEXIKOLINKS.DE
Onlinereiseführer, der reisepraktische Informationen gibt sowie weiterführende Links beinhaltet.

WEBCAMSDEMEXICO.COM
Die Bucht von Acapulco und die Playa de Norte auf der Isla Mujeres, Aufnahmen der Vulkane und vieles mehr.

SHORT.TRAVEL/MEX6
In Mexiko-Stadt lebende Ausländer organisieren mexikospezifische Events und versorgen Mitglieder und Neulinge mit Tipps.

DEZEEN.COM/TAG/MEXICO-CITY
Öffnet die Augen für die Vielfalt an kreativen architektonischen Projekten, die in Mexiko-Stadt geplant und realisiert werden.

HISTORY.COM/TOPICS/MEXICO
Englische Videos zu Geschichte und archäologischen Stätten, zur Küche und zum Alltag in Mexiko.

MEXIKO CITY METRO MAP
Die englischsprachige App ermittelt den schnellsten Weg mit der Metro zu deinem Ziel, auch offline.

TRAVEL PURSUIT

DAS MARCO POLO URLAUBSQUIZ

Weißt du, wie Mexiko tickt? Teste hier dein Wissen über die kleinen Geheimnisse und Eigenheiten von Land und Leuten. Die Lösungen findest du in der Fußzeile. Und ganz ausführlich auf den S. 20–25.

❶ Wo hört man „No tengo dinero" immer wieder in Mexiko?
a) Bei den *Mariachi*-Kapellen ist es ein Dauerbrenner
b) Bei den Bettlern auf der Straße
c) Im Restaurant, wenn die Bedienung mal wieder kein Wechselgeld hat

❷ Warum benutzten die Muralisten öffentliche Gebäude als Leinwand für ihre Kunst?
a) Weil sie auf diese Weise viel Geld sparten
b) Weil sie so ihren Protest gegen die Regierung ausdrückten
c) Um mit ihren Bildern auch Arme und Analphabeten zu erreichen

❸ Was machen die Mexikaner mit den Skeletten und Totenköpfen aus Zuckerguss?
a) Sie sind *die* Dekoration bei Kindergeburtstagen
b) Sie kommen am Allerseelentag als Gaben für die Toten auf die Altäre, die in jedem Haus aufgebaut werden
c) Sie schmücken die Eingangsbereiche der Krankenhäuser

❹ Was ist ein h'men?
a) Ein „Macher": So heißt bei den Maya der Schamane
b) So heißt der Superman, der Star einer Fernsehserie ist
c) So nennen die mexikanischen Feministinnen die Männer

Bizarr-bunte Nascherei: Schoko-Totenköpfe. Aber wann gibt es die? Frage 3!

❺ Wie viele Mexikaner sind jünger als 30 Jahre?
a) Ein gutes Viertel
b) Etwa jeder Dritte
c) Ungefähr die Hälfte

❻ Was können die Voladores, die Vogelmenschen, besonders gut?
a) Vogelstimmen nachahmen
b) Wildgeflügel für die vielen Garküchen erlegen
c) Den Bungeesprung von einem 30 m hohen Baumstamm

❼ Was bezeichnet das Wort „La Mordida", der Biss?
a) Die kleine, mundgerechte Variante einer Tortilla
b) Das Bestechungsgeld, fällig z. B. als Verkehrsbuße beim Polizisten
c) Die schmerzenden Stiche der nervigen Moskitos

❽ Ein hervorstechendes Merkmal von Frida Kahlo?
a) Die zusammengewachsenen Augenbrauen
b) Die strahlend blauen Augen
c) Der indianische Haarschmuck über ihren raspelkurz geschorenen Haaren

❾ Womit haben mexikanische Kartelle zu tun?
a) Mit Spirituosenschmuggel
b) Mit Drogenhandel
c) Mit Menschenhandel

❿ Was kennzeichnet das mexikanische Volk?
a) Vermischung von Indianern und Spaniern
b) Vermischung von Spaniern und Kariben
c) Vermischung von Spaniern und Schwarzen

REGISTER

BLOSS NICHT!

FETTNÄPFCHEN UND REINFÄLLE VERMEIDEN

ENGLISCH SPRECHEN UND SICH AUFREGEN

Wer Englisch spricht, wird für einen wenig geschätzten *gringo*, einen US-Amerikaner, gehalten, wer sich dann noch aufregt über Dinge, die nicht gleich klappen, hat verspielt. Wenige Worte in Spanisch sind daher meist besser als ein englischer Wortschwall.

ZU WENIG *PROPINA* GEBEN

Mexikos Kellner sind von den Trinkgeldern der US-Amerikaner verwöhnt, die mehr als 15 Prozent geben. Deshalb: Mindestens zehn Prozent *propina* sind bei gutem Service Pflicht, will man künftig wie ein Freund begrüßt werden, gibt man mehr.

2.-KLASSE-BUSSE AUF LANGSTRECKEN NUTZEN

In 2.-Klasse-Bussen werden keine Sitzplätze reserviert, die Busse halten quasi an jedem Busch und sind immer überfüllt. Kauf daher bei Langstrecken immer ein 1.-Klasse-Ticket, möglichst einen Tag im Voraus. Die Busse der *primera clase* garantieren einen Sitzplatz, nur wenige Stopps sowie zügige und meist sichere Fahrt.

EINE *FACTORY* BESUCHEN

Auf Rundfahrten, Besichtigungsausflügen etc. wird der Besuch einer *factory* aufgedrängt. Meist ist der Besitzer ein „friend" des Reiseleiters und der verbürgt sich für Qualität und einen Rabatt. Besser ist fast immer ein freundliches, aber bestimmtes: *¡No, gracias!*

NACHTS AM STRAND SPAZIEREN GEHEN

Vollmond, das Meer glänzt silbern – das verlockt zum Strandspaziergang um Mitternacht. Doch Vorsicht: Nur wenn du dich in Sichtweite von Restaurants befindest oder genügend andere Menschen unterwegs sind, solltest du loslaufen. Du willst schließlich nicht das Risiko eingehen, ausgeraubt zu werden. Für Frauen besteht die Gefahr sexueller Belästigung.

LOB ODER KRITIK? WIR FREUEN UNS AUF DEINE NACHRICHT!

Trotz gründlicher Recherche schleichen sich manchmal Fehler ein. Wir hoffen, du hast Verständnis, dass der Verlag dafür keine Haftung übernehmen kann.

MARCO POLO Redaktion • MAIRDUMONT • Postfach 31 51 73751 Ostfildern • info@marcopolo.de

Impressum
Titelbild: Chichén Itzá (Schapowalow: M. Borchi)
Fotos: T. Bassen (183); DuMont Bildarchiv: K. Maeritz (132); huber-images: J. Banks (171), P. Canali (101, 103), G. Croppi (122), T. Draper (66), P. Giocoso (136/137, 178/179), S. Kremer (Klappe hinten, 8, 14/15, 55, 56, 59, 160, 168/169), E. Martino (131), B. Morandi (6/7), M. Pignatelli (2/3), R. Schmid (141), G. Simeone (98); huber-images/Naturalight (152); huber-images/Paolo Giocoso Photography (65); Laif: Gonzalez (22, 63), Heuer (29), Meyer (17); Laif/Riva Press (50); Laif/robertharding: Tuul (142); Look: Greune (24), Heeb (88, 105, 121); K. Maeritz (126/127); mauritius images/age fotostock: L. Davilla (83), T. Labra (114/115, 180/181); mauritius images/AGF: C. Mahaux (90/91); mauritius images/Alamy (45, 48, 73, 76/77, 108/109, 154/155), Al Argueta (94/95), A. Bramwell (119), K. Dannemiller (75), J. Elk (70), R. Ellis (Klappe vorne außen, Klappe vorne innen, 1), R. Fried (61), K. Han (135), B. Kadic (124/125), C. Melloan (11), G. Racher (163), B. Ramonfaur (167), A. Sabbadini (9), E. Ubiquitous (53); mauritius images/Alamy/Alamy Stock Photos: I. Vdovin (69); mauritius images/Alamy/All Canada Photos: Torino (150); mauritius images/Alamy/Eye Ubiquitous (93); mauritius images/Alamy/Have Camera Will Travel/Central & South America (86); mauritius images/Alamy/Zoonar GmbH (116); mauritius images/Corbis (10); mauritius images/Hemis.frAlamy/Eye Ubiquitous: F. Guiziou (80); mauritius images/Image Source: K. Kiefer 2 (34/35); mauritius images/Imagebroker: O. Gerhard (37, 156); mauritius images/imageBROKER: Schoening (147); mauritius images/MasterfileRM: R. I. Lloyd (12/13); mauritius images/Minden Pictures: N. Wu (148); mauritius images/Photononstop (28/29); mauritius images/Pixtal/WE075607 (145); mauritius images/Robert Harding (40/41); mauritius images/robertharding: W. Connett (32/33), M. Kuhnell (33, 113); mauritius images/Westend61: A. Babiak (85), H. Meyrl (26/27); O. Stadler (21); T. Stankiewicz (107)

19., aktualisierte Auflage 2023
© MAIRDUMONT GmbH & Co. KG, Ostfildern
Autoren: Thomas Bassen, Birgit Müller-Wöbcke, Manfred Wöbcke
Redaktion: Nikolai Michaelis
Bildredaktion: Gabriele Forst
Kartografie: © MAIRDUMONT, Ostfildern (S. 38–39, 157, 159, 164–165, 166, Umschlag außen, Faltkarte); © MAIRDUMONT, Ostfildern, unter Verwendung von Kartendaten von OpenStreetMap, Lizenz CC-BY-SA 2.0 (S. 42–43, 46–47, 78–79, 96–97, 110–111, 128–129, 138–139)
Als touristischer Verlag stellen wir bei den Karten nur den De-facto-Stand dar. Dieser kann von der völkerrechtlichen Lage abweichen und ist völlig wertungsfrei.
Gestaltung Cover, Umschlag und Faltkartencover: bilekjaeger_Kreativagentur mit Zukunftswerkstatt, Stuttgart
Gestaltung Innenlayout: Langenstein Communication GmbH, Ludwigsburg
Spickzettel: in Zusammenarbeit mit PONS Langenscheidt GmbH, Stuttgart
Texte hintere Umschlagklappe: Lucia Rojas
Konzept Coverlines: Jutta Metzler, bessere-texte.de

Printed in Italy

MIX
Paper | Supporting responsible forestry
FSC® C015829

MARCO POLO AUTOR
THOMAS BASSEN
2010 verliebte sich der Journalist auf einer Mexikoreise gleich zweimal – in die geheimnisvolle Kolonialstadt Guanajuato und in eine wunderschöne Mexikanerin aus Guadalajara. Beide Lieben sind seitdem gewachsen, was zum einen dazu geführt hat, dass er mit der Mexikanerin inzwischen verheiratet ist und zum anderen dazu, dass er heute einen Großteil seiner Arbeit Mexiko und dessen ungeheurer Vielfalt widmet.